	願望	たし	願望（…タイ、…テホシイ）	たく たから	たく たかり	たし	たき	たけれ	○	形容詞型	動詞・助動詞「る」「らる」「す」「さす」の連用形
終止形	推量	べし	推量（…ニチガイナイ、…ソウダ、…ダロウ）意志（…ウ、…ヨウ、…ツモリダ）適当（…ノガヨイ、…ノガ適当ダ）当然・義務（…ハズダ、…ナケレバナラナイ、…ベキダ）強い勧誘・命令（…ベキダ、…セヨ）可能（…デキル、…デキルハズダ）	べく べから	べく べかり	べし	べき べかる	べけれ	○	形容詞型	
	現在推量	らむ〈らん〉	現在推量（今ゴロハ…テイルダロウ）現在の原因推量（…ノダロウ、…ダカラダロウ、〈ドウシテ〉…テイルノダロウ）現在の伝聞（…トカイウ、…ソウダ）現在の婉曲（…テイルヨウナ、…ト思ワレル）推量（…ダロウ）	○	○	らむ〈らん〉	らむ〈らん〉	らめ	○	四段型	活用語の終止形（ラ変・ラ変型の活用語には連体形に接続） ＊ラ変型の活用語…形容詞（…用）・形容動詞・ラ…用の助動詞
	推定	らし	推定（…ラシイ、…ニチガイナイ）	○	○	らし	らし （らしき）	らし	○	特殊型	
		めり	推定（…ヨウニ見エル、…ヨウダ）婉曲（…ヨウダ）	○	（めり）	めり	める	めれ	○	ラ…	
		なり	推定（…ヨウダ、…ラシイ、…ニチガイナイ）伝聞（…トイウコトダ、…ソウダ、…ト聞イテイル）	○	なり	なり	なる	なれ	○	ラ変…	
	打消推量	まじ	打消推量（…ナイダロウ、…マイ）打消意志（…マイ、…ナイツモリダ）禁止・不適当（…テハナラナイ、…ナイホウガヨイ）打消当然（…ベキデハナイ、…ハズガナイ）不可能推量（…デキナイダロウ、…デキソウニナイ）	まじく （まじから）	まじく まじかり	まじ	まじき まじかる	まじけれ	○	形容詞…	
体言 連体形	断定	なり	断定（…ダ、…デアル）存在（…ニアル）	なら	なり に	なり	なる	なれ	（なれ）	形容動詞型	…用語の連体形（一部の助詞や副詞にも接続）
体言		たり	断定（…ダ、…デアル）	たら	たり と	たり	たる	たれ	（たれ）	形容動詞型	体言
その他	完了	り	存続（…テイル、…テアル）完了（…タ、…テシマッタ）	ら	り	り	る	れ	（れ）	ラ変型	サ変の未然形・四段の已然形（四段については命令形に接続するという説もある）
	比況	ごとし	比況（…ト同ジダ、…ニ似テイル、…ヨウダ）例示（タトエバ…ノヨウダ、タトエバ…ナドダ）	ごとく	ごとく	ごとし	ごとき	○	○	形容詞型	体言・活用語の連体形・格助詞「が」「の」
		やうなり	比況（…ヨウダ、…ミタイダ）例示（タトエバ…ヨウダ）様子・状態（…様子ダ、…状態ダ、…ヨウダ）婉曲（…ヨウダ）	やうなら	やうなり やうに	やうなり	やうなる	やうなれ	○	形容動詞型	活用語の連体形・格助詞「が」「の」

■文語動詞一覧

種類		行	語	語幹	未然形	連用形	終止形	連体形	已然形	命令形
四段		カ行	聞く	き	か	き	く	く	け	け
		ハ行	思ふ	おも	は	ひ	ふ	ふ	へ	へ
上一段		マ行	見る	(み)	み	み	みる	みる	みれ	みよ
		ワ行	居る	(ゐ)	ゐ	ゐ	ゐる	ゐる	ゐれ	ゐよ
上二段		ダ行	恥づ	は	ぢ	ぢ	づ	づる	づれ	ぢよ
		ヤ行	悔ゆ	く	い	い	ゆ	ゆる	ゆれ	いよ
下一段		カ行	蹴る	(け)	け	け	ける	ける	けれ	けよ
下二段		ア行	得	(う)	え	え	う	うる	うれ	えよ
		サ行	寄す	よ	せ	せ	す	する	すれ	せよ
		ハ行	経	(ふ)	へ	へ	ふ	ふる	ふれ	へよ
カ変			来	(く)	こ	き	く	くる	くれ	こ(こよ)
サ変			す	(す)	せ	し	す	する	すれ	せよ
ナ変			死ぬ	し	な	に	ぬ	ぬる	ぬれ	ね
ラ変			あり	あ	ら	り	り	る	れ	れ

■文語形容詞一覧

種類	語	語幹	未然形	連用形	終止形	連体形	已然形	命令形
ク	なし	な	く から	く かり	し	き かる	けれ	かれ
シク	をかし	をか	しく しから	しく しかり	し	しき しかる	しけれ	しかれ

■文語形容動詞一覧

種類	語	語幹	未然形	連用形	終止形	連体形	已然形	命令形
ナリ	あはれなり	あはれ	なら	なり に	なり	なる	なれ	(なれ)
タリ	堂々たり	堂々	(たら)	たり と	たり	たる	(たれ)	(たれ)

■品詞分類表

自立語 ＊単独で文節(文を、音読するとき不自然にならない範囲で区切った単位)になることができる語。

- 活用する
  - 述語となる(用言)
    - ウ段で言い切る＊ …… ❶動詞
    - 「し」で言い切る …… ❷形容詞
    - 「なり」「たり」で言い切る …… ❸形容動詞
- 活用しない
  - 主語となる(体言) …… ❹名詞
  - 主語とならない
    - 修飾語となる
      - 用言を修飾 …… ❺副詞
      - 体言を修飾 …… ❻連体詞
    - 修飾語とならない
      - 接続する …… ❼接続詞
      - 接続しない …… ❽感動詞

＊ラ変動詞は「り」で言い切る。

付属語 ＊単独で文節になることができない語。

- 活用する …… ❾助動詞
- 活用しない …… ❿助詞

【各品詞の例語】

❶**動　詞**…行く・着る・恋ふ・往ぬ

❷**形容詞**…多し・かなし・いみじ

❸**形容動詞**…おろかなり・つれづれなり

❹**名　詞**…紫式部・天の橋立(固有名詞)

花・心・神官・道(普通名詞)

二つ・三番・二月(数詞)

こと・ため・まま(形式名詞)

❺**副　詞**…かく・つくづくと・かさねて

うたて・げに・やうやう

いさ・いかが・あに・たとひ

ゆめ・いかで・あたかも

❻**連体詞**…あらゆる・さる・きたる

❼**接続詞**…されど・さて・しかるに

❽**感動詞**…いざ・えい・あはれ・あな

❾**助動詞**…る・ず・けり・べし・なり

❿**助　詞**…が・の・を・に・と(格助詞)

ば・が・て・つつ(接続助詞)

だに・さへ・ばかり(副助詞)

は・も・ぞ・なむ・や・か・

こそ(係助詞)

な・ばや・かな・よ(終助詞)

や・を(間投助詞)

はしがき

『ニューフェイズ』シリーズは、基礎レベルから大学入試レベルへとステップアップしながら新しい入試にも対応できる力を養成することをねらいとした問題集シリーズです。幅広いジャンルから厳選した良質な文章を数多く読み込むことで、あらゆる文章に対応できる読解力が身につくように構成しています。また、大学入学共通テストをはじめとするさまざまな大学入試の出題傾向を参考にした「読み比べ」問題も収録しています。

本書の特色

一．古文編は、「本文の展開」「読解問題」「文法の整理」からなる問題演習で構成し、各回に計50点を配点しました。

二．漢文編は、「本文の展開」「読解問題」「基本句形の整理」からなる問題演習で構成し、各回に計50点を配点しました。

三．巻末付録は、「『読み比べ』問題に取り組む際のポイント」「技能別採点シート」を用意しました。「技能別採点シート」では、各設問についている「設問区分」ごとの点数を集計することができ、自分の弱点を把握することができます。

※本シリーズで取り上げた本文は、問題集の体裁上の配慮により、原典から文章の中略や表記の変更などを行ったものもあります。

使い方のポイント

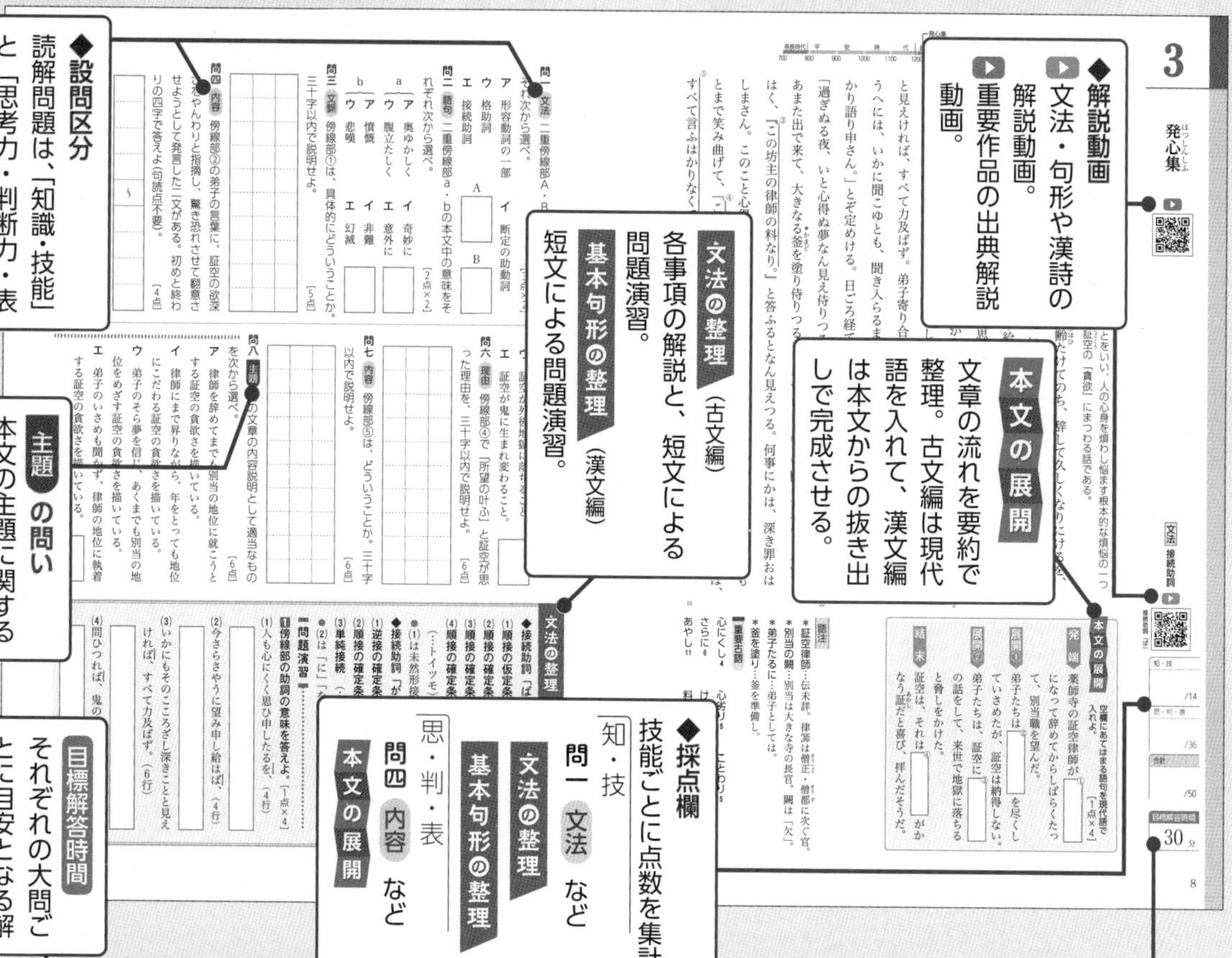

◆解説動画
▶文法・句形や漢詩の解説動画。
▶重要作品の出典解説動画。

本文の展開
文章の流れを要約で整理。古文編は現代語を入れて、漢文編は本文からの抜き出しで完成させる。

文法の整理（古文編）
各事項の解説と、短文による問題演習。
基本句形の整理（漢文編）
短文による問題演習。

◆設問区分
読解問題は、「知識・技能」と「思考力・判断力・表現力」で色分け。

主題の問い
本文の主題に関する問いを設置。

◆採点欄
技能ごとに点数を集計。
知・技　問一 文法　文法の整理　基本句形の整理　など
思・判・表　問四 内容　本文の展開　など

目標解答時間
それぞれの大問ごとに目安となる解答時間を設定。

目次

ニューフェイズ 古典2

古文編

解答のルール

解答欄のマス目の使い方

一マスに一字が基本。とくに指示がない場合、句読点や記号、カギカッコなども字数に数える。

原稿用紙とは違うので、行末のマス目に文字と句読点などをいっしょに入れないようにしよう。

字数指定の答え方

十字以内で答えよ→十字を超えないで答える。

十字程度で答えよ→十字を少し超えてもよい。

これらの場合、指定字数の八割以上で答えよう。

十字で答えよ→十字ぴったりで答える。

八字以上十字以内で答えよ→八字から十字までで答える。

読みの答え方

歴史的仮名遣いの読み方→指定がない場合は平仮名・現代仮名遣いで答える。

漢文編

読み比べ

例 法師→
○ほうし〔現代仮名遣い〕
×ほふし〔歴史的仮名遣い〕
×ほーし〔現代の発音〕

書き下し文の答え方

①文語文法に従い、歴史的仮名遣いで書く。
②送り仮名は平仮名で書く。
③原文の漢字はそのまま用いることを原則とする。次の場合は平仮名にする。
ア 文語文法の助詞と助動詞にあたるもの。
例 之→**の**　与→**と**
不→**ず**　也→**なり**
イ 再読文字で二度目に読む部分。
例 将→将に〜**す**
当→当に〜**べし**
④訓読しない漢字は書き下し文には表さない。

解説動画アイコン

▶ 出典
▶ 文法／句形・漢詩

沙石集

奈良時代	平安時代	鎌倉時代	室町時代	江戸時代

700 800 900 1000 1100 1200 1300 1400 1500 1600 1700 1800 1900

1

沙石集《しやせきしふ》

文法 格助詞①

怒りっぽく気性の激しい女房が、息子と親子で相州禅門《そうしゅうぜんもん》（北条時頼《ほうじょうときより》）に仕えていた。あるとき、ささいなことで息子に腹を立てて殴ろうとしたところ、ものにつまずいて倒れてしまった。

いよいよ腹を据ゑかねて、禅門*に、子息某《それがし》、わらはを打ちて侍るなりと訴へ申しければ、①不思議のことなりとて、かの俗*を召せとて、まことに母を打ちたるにや‖X、母しかしか申すなりと問はる‖A。②まことに打ちて侍ると申す。禅門、返す返す奇怪なり、不当なりと叱りて、所領を召し、流罪に定まりに‖Yけり。

③こと苦々しくなりけるうへ、腹もやうやく癒えて、④あさましくおぼえければ、母、また禅門に申しけるは、腹の立つままに、この子を、打ちたると申し上げて侍りつれども、まことにはさること候はず、おとなげなく彼を打たんとして、倒《たふ》れて侍りつるを、ねたさにこそ訴へ申し候ひつれ、まめやかに御勘当候はんことはあさましく候ふ、許させ給へ‖Bとて、けしからぬほどにまたうち泣きなど申しければ、さらば召せとて、⑤召して、この子細を尋ねられけるに、まことにはいかで打ち候ふべきと申すとき、さては、など初めよりありのままに申さざりける‖Cと、禅門申されければ、母が打ちたりと申し候はんうへには、わが身こそいかなる咎‖aにも沈み候はめ、母を虚誕*の者には、いかがなし候ふべきと申しければ、いみじき［ A ］なりとて、大きに感じて、別の所領を添へて給ひて、ことに不便‖bの者に思はれけり。

末代の人には、ありがたく、めづらしくこそおぼゆれ。

本文の展開

空欄にあてはまる語句を現代語で入れよ。［1点×4］

- 発端　母が息子を殴ろうとして転んだ。
- 展開①　母は主人の禅門に、息子が自分を［ ① ］と訴えた。息子も認めたので、禅門は［ ② ］を取り上げ、流罪とした。
- 展開②　落ち着いた母は［ ③ ］から訴えたと申し、お許しくださいと禅門に請うた。
- 結末　息子が最初に認めた理由が、母を［ ④ ］にしないためと知り、禅門は感動した。
- 編者の評　めったにないことに思われる。

語注

*禅門…在家のまま仏門に入った男。時頼のこと。
*俗…「僧」に対する世間一般の人。「子息1」のこと。
*虚誕…うそつき。

重要古語

やうやく 5　あさまし 5 8　まめやかなり 8
いかで 10　いみじ 13　不便なり 14
ありがたし 15　めづらし 15

知・技	/16
思・判・表	/34
合計	/50

目標解答時間 30分

問一 語句 二重傍線部a・bの読みを書け。〔2点×2〕

a

b

問二 文法 二重傍線部X・Yの助動詞の終止形を答えよ。〔2点×2〕

X

Y

問三 文脈 二重傍線部A・B・Cの受ける範囲はどこからか。それぞれ初めの二字を抜き出せ。〔2点×3〕

A

B

C

問四 内容 傍線部①は、禅門のどのような気持ちを表したものか。三十字以内で説明せよ。〔4点〕

問五 理由 傍線部②について、息子はなぜそのように答えたのか。理由を示している箇所を、本文中から二十字以内で抜き出せ。〔4点〕

問六 内容 傍線部③は、どういうことを意味しているか。適当なものを次から選べ。〔4点〕

ア 息子への罰が、母親の願ったとおり息子にとってつらい結果になったこと。

イ 息子への罰が、母親にとって不愉快な結果になったこと。

ウ 息子への罰が、禅門にとって不本意な結果になったこと。

エ 息子への罰によって、息子が母親を恨むようになったこと。

問七 口語訳 傍線部④を口語訳せよ。〔4点〕

問八 理由 傍線部⑤について、「召し」たのはなぜか。適当なものを次から選べ。〔4点〕

ア 褒賞を与えるため。

イ 懲罰を加えるため。

ウ 罪を追及するため。

エ 真相を問いただすため。

問九 主題 空欄Aには、どのような内容の語句が入るか。適当なものを次から選べ。〔4点〕

ア 人情の機微をよくわきまえた者

イ 道のためには自己犠牲もいとわぬ者

ウ 親に対する孝の志の深い者

エ 論理的な説明ができる者

文法の整理 格助詞①

◆格助詞「が」「の」の意味

(1) **主格** (…ガ・…ノ)

(2) **連体修飾格** (…ノ)

(3) **同格** (…デ)

(4) **体言の代用** (…ノモノ)

(5) **比喩** (…ノヨウニ)

● (5)は「の」のみの用法。

◆格助詞「より」の意味

(1) **起点** (…カラ)

(2) **通過** (…ヲ通ッテ)

(3) **手段・方法** (…デ)

(4) **比較** (…ヨリ)

(5) **限定** (…ヨリ・…以外)

(6) **即時** (…ヤイナヤ)

問題演習

1 傍線部の助詞の意味を答えよ。〔2点×4〕

(1) いと清げなる僧の①、黄なる地の袈裟《けさ》着たるが②来て、(更級日記)

(2) 有明《ありあけ》の月の③、板間より④、屋の内にさし入りたりける。(今昔物語集)

①

②

③

④

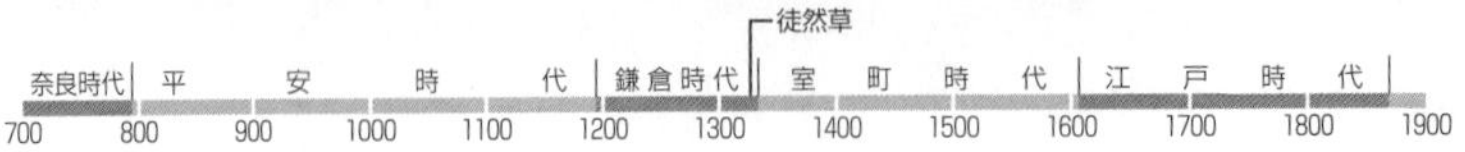

2 徒然草《つれづれぐさ》

文法 格助詞②

次の文章は、ある大福長者の蓄財の心がけと、それに対する兼好の考えを記したものである。江戸時代の井《い》原西鶴《はらさいかく》の『日本永代蔵《にっぽんえいたいぐら》』に見られる蓄財の方法と相通ずるものがあって興味深い。

「人は万《よろづ》をさしおきて、ひたぶるに徳をつくべきなり。貧しくては生けるかひなし。富めるのみを人とす。徳をつかんと思はば、すべからくまづその心づかひを修行すべし。その心といふは、他のことにあらず。*人間常住の思ひに住して、①仮にも無常を観ずることなかれ。これ第一の②用心なり。次に万事の用を叶《かな》ふ③べからず。人の世にある、自他につけて所願《しよぐわん》無量《むりやう》なり。欲に随《したが》ひて志《こころざし》を遂げんと思はば、百万の銭ありといふとも、しばらくも住すアべからず。所願はやむ時なし。財《たから》は尽くる期《ご》あり。限りある財をもちて、限りなき願ひに随ふこと、得イべからず。所願心にきざすことあらば、我を滅ぼすべき悪念来たれりと、固く慎み畏れて、*小要をもなすウべからず。次に銭を奴《やつこ》のごとくして使ひ用ゐるものと知らば、長く貧苦を免るエべからず。④君のごとく神のごとく畏れ尊みて、従へ用ゐることなかれ。次に恥に臨むといふとも、怒り恨むることなかれ。次に正直にして約を固くすべし。この義をまぼりて利を求めん人は、富の来たること、火の乾けるにつき、水の下れるに従ふがごとくなるべし。銭積もりて尽きざる時は、*宴飲声色《えんいんせいしよく》をこととせず、居所《きよしよ》を飾らず、所願を成ぜざれども、心とこしなへに安く楽し。」と申しき。抑々《そもそも》人は、所願を成ぜんがために財を求む。銭を財とすることは、願ひを叶ふるが故なり。所願あれども叶へず、銭あれども用ゐざらんは、全く貧者と同じ。何をか楽しびとせん。

本文の展開 空欄にあてはまる語句を現代語で入れよ。［1点×4］

大福長者の蓄財論 人は金もうけに専念すべきだ。①［　　］を持たず、銭のかかる②［　　］に手を出さず、銭を主君や神のように恐れ尊び、銭のことで③［　　］をかいても気にしないで、正直で④［　　］を守れば富は集まり、欲望は満たされなくとも楽しい。

兼好の見解 欲望を満たさない、銭も使わない生き方は、貧乏人と同じで、何の楽しみもない。

語注
*人間…この世。
*小要…ささいな必要事。わずかな出費。
*宴飲声色…宴を催し酒を飲み、美しい音楽を聞き、美しい女性を見ること。

重要古語
ひたぶるなり 1
徳 1 2
すべからく 2
住す 3 6
期 6
奴 8
とこしなへなり 13

知・技	/9
思・判・表	/41
合計	/50
目標解答時間	30分

問一 理由 傍線部①について、その理由を三十字以内で説明せよ。〔6点〕

問二 文脈 傍線部②と同義の語を、本文中から五字以内で抜き出せ。〔3点〕

問三 文法 傍線部③と文法的に同じものを、二重傍線部ア〜エから選べ。〔3点〕

問四 文脈 傍線部④の「君」「神」と対比されている言葉を、本文中から抜き出せ。〔3点〕

問五 文脈 大福長者は蓄財に必要な条件をいくつあげているか。漢数字で答えよ。〔4点〕

問六 主題 大福長者が肯定するものとして適当なものを、次から選べ。〔4点〕

ア 「徳をつかんと思」うこと
イ 「限りなき願ひに随ふこと」
ウ 「所願心にきざすこと」
エ 「怒り恨むること」

問七 表現 大福長者の言葉の中から、対句的表現を十八字以内で二箇所抜き出し、初めと終わりの四字で答えよ(句読点不要)。〔3点×2〕

〜
〜

問八 主題 大福長者の主張と合致するものを次から選べ。〔5点〕

ア 欲望を満たすに足る財産を蓄えることによって、安定した境地に至るのがよい。
イ 欲望は無限だから、これを否定することによって、財産の増大をはかるべきである。
ウ 欲望を抑制する最上の方法は、正直を旨として適度に蓄財することである。
エ 欲望を断つことによって、貧窮を恥じる気持ちをなくすことができる。

問九 主題 大福長者の主張に対する作者の考えとして適当なものを、次から選べ。〔6点〕

ア 人間の感情として認めがたい。
イ 論理的に矛盾していて認めがたい。
ウ 貧者は楽しみがない。
エ 貧者の生き方にふさわしい。

文法の整理 格助詞②

◆格助詞「に」の意味

(1) 時間・場所 (…ニ)
(2) 方向・帰着点 (…ニ)
(3) 対象 (…ニ)
(4) 目的 (…ノタメニ)
(5) 原因・理由 (…ニヨッテ)
(6) 手段・方法 (…デ)
(7) 変化の結果 (…ト)
(8) 受身・使役の対象 (…ニ)
(9) 比較の基準 (…ヨリ)
(10) 添加 (…ノ上ニ)
(11) 内容 (…ト)
(12) 資格・状態 (…トシテ)

問題演習

1 傍線部の助詞の意味を答えよ。〔1点×6〕

(1) 東《あづま》の方に①住むべき国求めに②とて行きけり。(伊勢物語)

① ②

(2) 夢に③も人に④あはぬなりけり (伊勢物語)

③ ④

(3) 心ざまの悪《にく》さに⑤、ふつと一文に⑥は取らじと言ふ。(沙石集)

⑤ ⑥

奈良時代 700 ｜ 平安時代 800 900 1000 1100 ｜ 1200 発心集 鎌倉時代 1300 ｜ 室町時代 1400 1500 ｜ 1600 江戸時代 1700 1800 1900

3 発心集《ほっしんしゅう》

文法 接続助詞

接続助詞「ば」

知・技 /14

思・判・表 /36

合計 /50

目標解答時間 30分

「貪欲《とんよく》」とは、仏教では自分の好むものに愛着することをいい、人の心身を煩わし悩ます根本的な煩悩の一つである。次の話は、奈良の薬師寺《やくしじ》の律師《りっし》であった僧証空《しょうくう》の「貪欲」にまつわる話である。

薬師寺に、*証空律師《しょうぐうりつし》といふ僧ありけり。齢《よはひ》たけてのち、辞して久しくなりにけるを、「かの寺の*別当の闕《けつ》に望み申さんと思ふは、いかがあるべき。」と言ふ。*弟子たるに、同じさまに、「あるまじきことなり。御年たけ給ひたり。司《つかさ》を辞し給へるにつけ[A]ても、必ずおぼすところあらんかしと、人も心にくく[a]思ひ申したるを、今さらさやうに望み申し給はば、思はぬなることにて[B]、人も心劣り[b]つかまつるべし。」と、ことわりを尽くしていみじういさめけれど、さらにげにと思へるけしきなし。いかにも①そのこころざし深きことと見えければ、すべて力及ばず。弟子寄り合ひて、このことを嘆きつつ言ふやう、「このうへには、いかに聞こゆとも、聞き入らるまじ。いざ、そら夢を見て、身もだえ給ふばかり語り申さん。」とぞ定めける。日ごろ経てのち、静かなるとき、②一人の弟子言ふやう、「過ぎぬる夜、いと心得ぬ夢なん見え侍りつる。この庭に、色々なる鬼の恐ろしげなる、あまた出で来て、大きなる*釜《かまど》を塗り侍りつるを、あやしくおぼえて問ひつれば、鬼のいはく、③『この坊主の律師の料なり。』と答ふるとなん見えつる。何事にかは、深き罪おはしまさん。このこと心得ず侍るなり。」と語る。すなはち驚き恐れんと思ふほどに、耳もとまで笑み曲げて、④「この所望の叶《かな》ふべきにこそ。披露なせられそ。」とて、拝みければ、⑤すべて言ふはかりなくてやみにけり。

本文の展開 空欄にあてはまる語句を現代語で入れよ。［1点×4］

- 発端　薬師寺の証空律師が［①　　］になって辞めてからしばらくたって、別当職を望んだ。
- 展開①　弟子たちは［②　　］を尽くしていさめたが、証空は納得しない。
- 展開②　弟子たちは、証空に［③　　］の話をして、来世で地獄に落ちると脅しをかけた。
- 結末　証空は、それは［④　　］がかなう証《あかし》だと喜び、拝んだそうだ。

語注

*証空律師…伝未詳。律師は僧正《そうじょう》・僧都《そうず》に次ぐ官。

*別当の闕…別当は大きな寺の長官。闕は「欠」。

*弟子たるに…弟子としては。

*釜を塗り…釜を準備し。

重要古語

心にくし 4　心劣り 5　ことわり 5

さらに 6　けしき 6　やう 7・9

あやし 11　料 12　すなはち 13

問一 文法 二重傍線部A・Bの文法的説明をそれぞれ次から選べ。［3点×2］

ア 形容動詞の一部　イ 断定の助動詞
ウ 格助詞
エ 接続助詞

A［　　］ B［　　］

問二 語句 二重傍線部a・bの本文中の意味をそれぞれ次から選べ。［2点×2］

a ア 奥ゆかしく　イ 奇妙に
　ウ 腹立たしく　エ 意外に
b ア 憤慨　イ 非難
　ウ 悲嘆　エ 幻滅

問三 文脈 傍線部①は、具体的にどういうことか。三十字以内で説明せよ。［5点］

問四 内容 傍線部②の弟子の言葉に、証空の欲深さをやんわりと指摘し、驚き恐れさせて翻意させようとして発言した二文がある。初めと終わりの四字で答えよ(句読点不要)。［4点］

〜

問五 内容 傍線部③によって、弟子は何を示唆したのか。適当なものを次から選べ。［5点］

ア 証空が律師に昇進すること。
イ 証空が薬師寺の別当になること。
ウ 証空が死後地獄に落ちること。
エ 証空が鬼に生まれ変わること。

問六 理由 傍線部④で「所望の叶ふ」と証空が思った理由を、三十字以内で説明せよ。［6点］

問七 内容 傍線部⑤は、どういうことか。三十字以内で説明せよ。［6点］

問八 主題 この文章の内容説明として適当なものを次から選べ。［6点］

ア 律師を辞めてまでも別当の地位に就こうとする証空の貪欲さを描いている。
イ 律師にまで昇りながら、年をとっても地位にこだわる証空の貪欲さを描いている。
ウ 弟子のそら夢を信じ、あくまでも別当の地位をめざす証空の貪欲さを描いている。
エ 弟子のいさめも聞かず、律師の地位に執着する証空の貪欲さを描いている。

文法の整理 接続助詞

◆接続助詞「ば」の意味

(1)順接の仮定条件（モシ…タラ）
(2)順接の確定条件〈原因・理由〉（…ノデ）
(3)順接の確定条件〈偶然条件〉（…ト）
(4)順接の確定条件〈恒時(恒常)条件〉（…トイツモ）
●(1)は未然形接続、(2)〜(4)は已然形接続。

◆接続助詞「が」「に」「を」の意味

(1)逆接の確定条件（…ケレドモ・…ガ）
(2)順接の確定条件（…カラ・…ノデ）
(3)単純接続（…ガ・…ト・…トコロ）
●(2)は「に」「を」のみの用法。

問題演習

1 傍線部の助詞の意味を答えよ。［1点×4］

(1)人も心にくく思ひ申したるを、（4行）
(2)今さらさやうに望み申し給はば、（4行）
(3)いかにもそのこころざし深きことと見えければ、すべて力及ばず。（6行）
(4)問ひつれば、鬼のいはく、（11行）

大和物語
奈良時代 | 平安時代 | 鎌倉時代 | 室町時代 | 江戸時代
700 800 900 1000 1100 1200 1300 1400 1500 1600 1700 1800 1900

4

大和物語《やまと》

文法 副助詞

副助詞「だに」「すら」「さへ」

歌物語は和歌の成立事情を語る短い物語である。ここでは、帝の誤解を解こうとする国の司《つかさ》の姿のおもしろさと、大友黒主《おおとものくろぬし》の歌のすばらしさが対照的に描かれる。

*亭子《ていじ》の帝《みかど》、*石山に常に詣で給ひけり。①国の司、②「民疲れ、国滅びぬべし。」となむわぶると聞こしめして、「こと国々の*御庄《みしやう》などに仰せて。」とのたまへりければ、もて運びて③御まうけをつかうまつりて、詣で給ひけり。近江《あふみ》の守《かみ》、④いかに聞こしめしたるにかあらむと嘆き恐れて、またむげにさて⑤過ぐし奉りてむやとて、帰らせ給ふ*打出《うちで》の浜に、世の常ならずめでたき仮屋どもを造りて、菊の花のおもしろきを植ゑて、御まうけつかうまつれりけり。国の守もおぢ恐れて、ほかに隠れをりて、ただ*黒主をなむ据ゑ置きたりける。おはしまし過ぐるほどに、殿上人《てんじやうびと》、「黒主はなどて⑥さては候《さぶら》ふぞ。」と問ひけり。院も御車おさへさせ給ひて、「何しにここにはあるぞ。」と問はせ給ひければ、人々問ひけるに、申しける、

*ささら波まもなく岸を洗ふめり渚《なぎさ》清くは君とまれとか

とよめりければ、⑦これにめで給うてなむとまりて、人々に物給ひて帰らせ給ひける。

語注

*亭子の帝…第五十九代宇多《うだ》天皇。
*石山…滋賀県大津市にある石山寺。
*御庄…帝の荘園。
*打出の浜…滋賀県大津市の琵琶湖畔にある。
*黒主…大友黒主。六歌仙《ろっかせん》の一人。
*ささら波…さざ波。

重要古語

わぶ 1　まうけ 3 5　むげに 4
めでたし 5　おもしろし 5　などて 7
何しに 8　まもなし 10　めづ 11

本文の展開

空欄にあてはまる語句を現代語で入れよ。【1点×4】

発端 石山寺参詣の負担を国司が嘆いていると聞き、帝は配慮して参った。

展開 国司は①［　　］に仮屋を造り、菊の花を植え、②［　　］を置いて帝のお帰りを待った。

最高潮 ③［　　］や帝が声を掛けると、黒主は「ささら波」の歌をよんだ。

事の決着 帝は感動してそこにとどまり、人々に④［　　］を与えた。

知・技　/6
思・判・表　/44
合計　/50

目標解答時間 30分

問一 内容 傍線部①「国の司」は、本文中でほかにどのように呼ばれているか。別の呼称を二つ抜き出せ。 [3点×2]

問二 理由 傍線部②のように国の司が嘆いたのはなぜか。二十字以内で説明せよ。 [6点]

問三 文脈 傍線部③の主語として適当なものを、次から選べ。 [4点]

ア 亭子の帝
イ 国の司
ウ こと国々の御庄の人々
エ 黒主

問四 内容 傍線部④にはどのような心情がこめられているか。適当なものを次から選べ。 [4点]

ア 不審　**イ** 狼狽《ろうばい》
ウ 憤慨　**エ** 落胆

問五 口語訳 傍線部⑤は、どういう意味か。適当なものを次から選べ。 [4点]

ア 気づかないふりをしてこのまま時がたつのを待ってみようよ
イ つまらない心配事としてこのまま見過ごしなさるわけにもいくまい
ウ 聞かなかったことにしてこのままお帰し申し上げてしまおうよ
エ 知らないふりをしてこのままお通し申し上げるわけにもいくまい

問六 文脈 傍線部⑥の「さ」の指示する事柄は何か。十五字以内で説明せよ。 [5点]

問七 理由 傍線部⑦とあるが、黒主の歌のどういう点に感動して帝はおとまりになったのか。次の文の空欄に入る言葉を本文中から抜き出せ。 [3点×2]

湖岸の A にたとえて、 B の絶えることのない忠節心を表した点。

A

B

問八 主題 この話は、どういうことを言おうとしたものか。適当なものを次から選べ。 [5点]

ア すぐれた歌により人の窮地が救われた。
イ すぐれた歌は自然とともに永遠に残る。
ウ すぐれた為政者が民の嘆きを理解した。
エ すぐれた為政者は歌心を必要とする。

文法の整理　副助詞

◆副助詞「だに」の意味
(1)類推（軽いものを示し、より重いものを類推）（…サエ）
(2)最小限の限定（セメテ…ダケデモ）

◆副助詞「すら」の意味
(1)類推（一つのものを示し、それ以外を類推）（…サエ）

◆副助詞「さへ」の意味
(1)添加（…マデモ）

◆副助詞「し」「しも」の意味
(1)強意（ヨリニヨッテ・特ニ）
(2)（下に打消を伴い）部分否定（必ズシモ…〈デハナイ〉）

問題演習

1 傍線部を口語訳せよ。 [2点×3]

(1)雨降りぬ。風さへ出で来たり。（土佐日記）

(2)散りぬとも香をだに残せ梅の花（古今集）

(3)今日しも、端《はし》におはしましけるかな。（源氏物語）

奈良時代	平安時代（更級日記）	鎌倉時代	室町時代	江戸時代

700　800　900　1000　1100　1200　1300　1400　1500　1600　1700　1800　1900

5 更級日記《さらしな》

文法　終助詞①

次の文章は、作者が十三歳のころ、父の任が解けて任国上総《かずさ》（今の千葉県）から京に帰る途中、箱根を通過したときの記事である。

足柄山《あしがらやま》といふは、四、五日かねて恐ろしげに暗がりわたれり。ａやうやう入り立つふもとのほどだに、空のけしき、ｂはかばかしくも見えず。えも言はず茂りわたりて、いと恐ろしげなり。ふもとに宿りたるに、月もなく暗き夜の、闇に惑ふやうなるに、*遊女三人《あそびみたり》、いづくよりともなく出で来たり。五十《いそぢ》ばかりなる一人、二十ばかりなる、十四、五なるとあり。庵《いほ》の前に*からかさをささせて据ゑたり。男《をのこ》ども、火をともして見れば、昔、こはたといひけむが孫と言ふ。髪いと長く、額《ひたひ》いとよくかかりて、色白くきたなげなくて、「さてもありぬべき*下仕《しもづか》へなどにてもありぬべし。」など、人々①あはれがるに、声すべて似るものなく、空に澄みのぼりて、めでたく歌をうたふ。人々いみじう②あはれがりて、け近《ぢか》くて、人々もて興ずるに、「西国《にしぐに》の遊女は、③えかからじ。」など言ふをｃ聞きて、「*④難波《なには》わたりにくらぶれば。」と、めでたくうたひたり。見る目のいときたなげなきに、声さへ似るものなくうたひて、さばかり恐ろしげなる山中に立ちて行くを、人々飽かず思ひてみな泣くを、をさなき心地には、ましてこの宿りを立たむことさへ飽かずｄおぼゆ。まだ暁より足柄を越ゆ。まいて山の中の恐ろしげなること、言はむかたなし。雲は足の下に踏まる。山のなからばかりの、木《こ》の下のわづかなるに、⑤葵《あふひ》のただ三筋ばかりあるを、「世《よ》離《ばな》れて、かかる山中にしも生ひけむよ。」と、人々あはれがる。

語注

*遊女…歌舞を演じ、旅人を慰めるのを業とした女。
*からかさ…柄《え》のついた傘。
*下仕へ…召し使い。
*難波…ここでは遊女で知られた上方《かみがた》の土地。

重要古語

やうやう 1　はかばかし 2　えも言はず 2　飽かず 11 12

本文の展開　空欄にあてはまる語句を現代語で入れよ。［1点×4］

ふもと　足柄山のふもとは樹木が一面に茂り、実に［①］感じである。夜、闇の中から遊女が三人現れた。髪は長く、色は白く、火をともして見ると、［②］は全く似るものがないほど美しかった。別れの際は、［③］を惜しみ、みな泣いた。

山越え　山中に［④］が三本生えていたのが感慨深かった。

知・技　/10
思・判・表　/40
合計　/50
目標解答時間　30分

問一 語句 二重傍線部a・bの本文中の意味を答えよ。 [3点×2]

a

b

問二 内容 傍線部①・②は、それぞれ遊女たちの何に対する人々の感嘆か。解答欄にあてはまる漢字一字を答えよ。 [3点×2]

① 美

② 美

問三 口語訳 傍線部③を、指示内容を明らかにして口語訳せよ。 [6点]

問四 文脈 二重傍線部c・dの主語として適当なものを、それぞれ次から選べ。 [2点×2]

ア 作者　**イ** 遊女　**ウ** 男ども

エ 人々

オ 西国の遊女

c

d

問五 内容 傍線部④には、どのような気持ちが表れているか。省略されている言葉を明らかにして、三十字以内で説明せよ。 [6点]

問六 内容 傍線部⑤の「葵」を見つけた人々の気持ちとして適当なものを次から選べ。 [5点]

ア 山中のわびしい「葵」の姿を見て、人生の悲哀というものを痛切に思い知らされた。

イ 「葵」を懐かしく思うとともに、自分たちの旅の境遇とも重なり、感慨深かった。

ウ 優美な「葵」との旅先での意外な出会いは、爽やかな楽しい気分にしてくれた。

エ 「葵」の浮き世離れしている孤高性に、励まされるような気がした。

問七 文脈 この文章は二段に分けることができる。第二段の初めの五字を抜き出せ。 [4点]

問八 内容 この文章の内容と合致するものを次から選べ。 [5点]

ア 足柄山の恐ろしい印象は、遊女たちとの出会いよりも深く幼い作者の心に刻まれた。

イ 遊女との出会いが深く印象に残ったのは、西国の有名な遊女だったからである。

ウ 遊女の印象は、三筋の葵のイメージとも重なり合って象徴的で余韻が感じられる。

エ 遊女と出会った体験を、足柄山での奇怪な出来事として描いている。

文法の整理　終助詞①

◆終助詞「ばや」の意味

(1)自己の願望　(…タイ)

◆終助詞「なむ」の意味

(1)他に対する願望　(…テホシイ)↓未然形に接続。

◆終助詞「しが」「てしがな」「にしがな」の意味

(1)自己の願望　(…タイモノダ)

◆終助詞「もがな」「がな」の意味

(1)願望　(…ガアレバナア・…トイイノニナア)

■問題演習■

1 傍線部を口語訳せよ。 [1点×4]

(1)心あらん友もがな。(徒然草)

(2)よからう大将軍に組まばや。(平家物語)

(3)今ひとたびの行幸《みゆき》待たなむ。(拾遺集)

(4)いかでこの玉を得てしがな。(十訓抄)

奈良時代 | 平安時代 | 鎌倉時代 | 室町時代 | 江戸時代（花月草紙）
700 800 900 1000 1100 1200 1300 1400 1500 1600 1700 1800 1900

6 花月草紙《くわげつさうし》

人間というものは、専門家の忠告であっても軽視して、素人判断をしてしまいがちである。次の文章は、医者の言葉を信用しない二人の男の話である。対照的な態度に注意して読もう。

文法 終助詞②・間投助詞

ある薬師《くすし》が、「君は必ず、来《こ》ん秋のころ、何のいたづきにかかり給はん。」と言ふを、むづかりて、①「いかでさることあらん。」と、秋までは言ひぬ。つひにいたづきにかかりてければ、言ひあてし薬師に会はんもaおもてぶせなりとて、よその薬師招きてけり。さまざま薬与へたるが、bしるしも見えず、初めのほどは*うちの損《そこ》ねしなるべしとて、うちととのふる薬なりければ、胸のあたりいよいよ苦しく、ものも見入れねば、薬師も心得てその薬はやめつ。こたびは汗にとらんとしてもしるしなく、*下さんとすれば、腹のみ痛みていよいよ苦し。せんかたなくて、試みにふと調ぜし薬、その病《やまひ》にあたりやしけん、飲み下すより胸のうち心地よく、つひにその病癒えにけり。②命助けし人なりとて、③家傾けても報はまほしく思ひしとなり。さるに、「来ん秋は、必ずこの病出づべし。この薬今より飲み給へ。」と言ふを、いま一人の男《をのこ》、「いかでさあらん。されどさ言ひ給はば、④飲みて参らすべし。」とて、人ごとのやうに飲みゐたるが、つひにその病も起こらず、常に変はりしことなかりしかば、⑤「さればこそかくあるべしと思ひしを、あの薬飲までもあるべきものを。」と言ひしとや。

語注

*うちの損ね…腹をこわすこと。「うち」は内臓。

*下さんとすれば…下剤を飲ませてそれで病気を治そうとすると。

重要古語

薬師 1 3 5　いたづき 1 2　むづかる 2
おもてぶせ 3　しるし 4 6

本文の展開 空欄にあてはまる語句を現代語で入れよ。【1点×4】

前段 ある医者が、男に、病気になると予告したが、男は[①　　]して病気になった。合わせる顔がないと思って別の医者にかかり、その医者が試しに調合した薬のおかげで病気が治ったので、男は[②　　]を投げ出しても、恩に報いたいと思った。

後段 別の男が、医者に病気になると予告され、勧められた薬を[③　　]のように飲んだが、病気にならず、薬は[④　　]だったと言った。

知・技 /10
思・判・表 /40
合計 /50
目標解答時間 30分

問一 語句 二重傍線部a・bの本文中の意味をそれぞれ次から選べ。〔3点×2〕

a ア 面目ない　イ 悔しい　ウ 恐ろしい　エ 無理だ

b ア 傷心　イ 症状　ウ 証拠　エ 効き目

問二 口語訳 傍線部①を、「さること」の内容を明示して口語訳せよ。〔6点〕

問三 文脈 傍線部②は、誰のことか。本文中の言葉で答えよ。〔5点〕

問四 内容 傍線部③は、男のどのような態度を表したものか。十五字以内で答えよ。〔6点〕

問五 内容 傍線部④からうかがわれる男の態度として適当なものを次から選べ。〔4点〕

ア なんとかして飲まずにすませたいという拒否的な態度。

イ 勧められたが、自分の意志で飲もうという積極的な態度。

ウ 勧められたので飲んであげるという恩着せがましい態度。

エ 不安のあまり飲まずにはいられないという慌てた態度。

問六 内容 傍線部⑤は、男のどのような気持ちを表したものか。十五字以内で答えよ。〔5点〕

問七 文脈 この文章を二段に分けると、後段はどこからか。初めの三字で答えよ。〔4点〕

問八 主題 この文章を通して、作者はどのようなことを述べようとしたのか。適当なものを次から選べ。〔6点〕

ア 人間は、一度受けた傷はなかなか癒えないもので、ずっと恨み続けるものだ。

イ 人間は、危機に直面しない限り対策を立てようとしないものだ。

ウ 人間は、一度成功したからといって次も成功するとは考えないものだ。

エ 人間は、医者の意見を素直に聞くのも考えものだ。

文法の整理 終助詞②・間投助詞

◆**終助詞「(文末に接続)な」「か」「かな」「は」「よ」の意味**

(1) **詠嘆**（…ナア・…ヨ・…コトヨ）

◆**終助詞「かし」「ぞ」の意味**

(1) **念押し**（…ヨ・…ゾ）

◆**終助詞「(終止形・ラ変連体形に接続)な」「そ」の意味**

(1) **禁止**（…ナ・…ナイデクレ）

◆**間投助詞「や」「を」の意味**

(1) **詠嘆・整調**

(2) **呼びかけ**（…ヨ）

●(2)は「や」のみの用法。

問題演習

1 傍線部の助詞の意味を答えよ。〔1点×4〕

(1) あるじなしとて春を忘るな①（拾遺集）

(2) あはれに悲しきことなりな②。（大鏡）

(3) あはれや③、飛びていぬるよ④。（宇治拾遺物語）

① 　② 　③ 　④

7 閑居友《かんきょのとも》

閑居友

奈良時代	平安時代	鎌倉時代	室町時代	江戸時代
700–800	800–1200	1200–1300	1300–1600	1600–1900

編者の慶政は、宋に行ったときに放浪癖のある王の后《きさき》の兄の話を聞いた。妹の后は、兄の放浪癖に困り果てていたようだが、兄の放浪にはちゃんとした目的があったようである。

唐土《もろこし》に侍りしとき、人の語り侍りしは、昔、この国の王の后の兄にて A ある人 B ありけり。にはかに走り出でて、ここかしこ跡も定めずぞ C ありける。貧しくあやしき姿にて D あれば、①人も何のあやめもなし。遠きほどにては、折にふれつつ、わびしくわづらはしきことのみ E ありけり。*おとうとの后、からうじて呼び寄せて、さまざまにくどきて、「今よりは、*のどまりておはすべし。②さるべきことも、はからひあて申さん。」と聞こえさせければ、「さにこそは侍らめ。」とて居たるほどに、また人目をはかりて、逃げ出でにけり。かくすることたびたびになりければ、後も③このことかなはじとて、国々に宣旨《せんじ》申し下して、「あやしのわび人のさすらひ行かんに、必ず宿を貸し、食ひ物を用意して、ねんごろにあたるべし。」とぞ侍りける。さて、その人ひとりのゆゑに、多くのわび人みな、④その陰に隠れて、わづらひなくて喜び合ひたりけりとなん。

さて、その*かたしろを絵に描《か》きて、あはれみ尊みて、人みな持ちたり。「あはれ、このほど売りて来よかし。買ひて取らせん。」と言ひき。⑤わび人の姿にて、頭には木の皮をかぶりにして、竹の杖《つゑ》つきて、藁沓《わらぐつ》履きたる姿とぞ。

これは、そのとき、世の中にわび人どもの多くて、ものも乞ひ得で、わびありきけるを見て、かれらを助けんために、かくしつつ歩きけるなりけり。

本文の展開

空欄にあてはまる語句を現代語で入れよ。［1点×4］

発端 昔、中国で王の〔①　　〕が突然家を出て放浪し、誰かわからないほど〔②　　〕姿なので、何かにつけて苦労した。

展開 妹の后が呼び戻したが、兄は放浪をやめないので、后は諸国に宣旨を出し、困窮者が放浪して来たら親切に応対するよう命じた。おかげで多くの困窮者も心配がなくなって喜び、〔③　　〕の絵を描いて尊んだ。

結末 当時は困窮者が多く、流浪するのを〔④　　〕するためであった。

語注

*おとうとの后…妹の后。「おとうと」は年少の兄弟・姉妹。

*のどまりて…身を落ち着けて。

*かたしろ…肖像。姿。

重要古語

唐土 1　あやめ 3　わびし 3

おとうと 4　ねんごろなり 8

文法　敬語―動詞と補助動詞

敬語

知・技	/10
思・判・表	/40
合計	/50

目標解答時間 30分

問一 文法 二重傍線部Ａ～Ｅから、動詞を二つ選び、記号で答えよ。〔2点×2〕

問二 口語訳 傍線部①の意味として適当なものを次から選べ。〔3点〕

ア その行動をとがめたりはしない

イ 全く誰ともわからない

ウ 格別に謝ることもしない

エ 何の取り柄も見いだせない

問三 内容 傍線部②はどうすることか。二十字以内で説明せよ。〔5点〕

問四 文脈 傍線部③に、后のどのような判断が見られるか。適当なものを次から選べ。〔5点〕

ア 兄を落ち着かせたいが無理であろう。

イ 兄の生き方は自分たちにとって恥である。

ウ 兄の放浪癖をどうにかしてやめさせたい。

エ 兄の生活は何とか世話したい。

問五 文脈 第一段を前後二段に分けると、後段はどこからか。初めの五字を抜き出せ。〔4点〕

問六 口語訳 傍線部④を十字で解釈せよ。〔4点〕

問七 内容 傍線部⑤の編者の説明は、何を表すためか。適当なものを次から選べ。〔5点〕

ア 人々がこの絵を大切にした理由を説明するため。

イ 当時の「わび人」の姿を示すため。

ウ 后の兄がどのような「わび人」の姿をしていたかを示すため。

エ 粗末な姿をした人の絵を買い集める人々への驚きを表すため。

問八 主題 后の兄の行為の意図を端的に説明している一文はどれか。本文中から抜き出し、初めの十字で答えよ。〔5点〕

問九 主題 本文の内容と合致するものを次から選べ。〔5点〕

ア 后の兄は自画像を描いて売り歩いていた。

イ 后の兄は旅を苦痛には感じなかった。

ウ 宣旨によって貧しい人々も救われた。

エ 后の兄は旅に出ることによって心を磨くことができた。

文法の整理 敬語―動詞と補助動詞

唐土に侍り①しとき、人の語り侍り②しは、（1行）

①取り除くと意味が通じない
→**動詞**「侍り」（オリマス・イマス）

②取り除いても意味が通じる
→**補助動詞**「侍り」（…デス・…マス）
―他の語に付いて補助のはたらきをする動詞

給ふ（…ナサル・オ…ニナル）
奉る（…申シ上ゲル）
候ふ（…デス・…マス）など

問題演習

1 傍線部の語は、動詞、補助動詞のいずれか。〔1点×6〕

(1) 久しく遊び聞こえ①て、ならひ奉れ②り。（竹取物語）

(2) ゆかしくし給ふ③なるものを奉ら④む。（更級日記）

(3) あまたの人を給ひ⑤てとどめさせ給へ⑥ど、（竹取物語）

① ② ③ ④ ⑤ ⑥

8 枕草子《まくらのさうし》

文法 尊敬語

近江の石山寺や初瀬《はつせ》の長谷寺《はせでら》に参詣する場合は、一定期間精進《しょうじん》し、白の浄衣《じょうえ》姿で参詣する人が多かった。とりわけ御嶽《みたけ》は修験道《しゅげんどう》の霊地であるから、精進も厳しかったのだが……。

あはれなるもの。①孝《けう》ある人の子。よき男の若きが*御嶽精進《みたけさうじ》したる。*立て隔てゐて、うち行ひたる暁の*額《ぬか》、いみじうあはれなり。むつましき人などの、目さまして聞くらむ、思ひやる。詣づるほどのありさま、いかならむなど、つつしみおぢたるに、平らかに詣で着きたるこそ、いとめでたけれ。烏帽子《えぼし》のさまなどぞ、少しa人わろき。なほ、②いみじき人と聞こゆれど、こよなくやつれてこそ詣づと知りたれ。

右衛門佐宣孝《ゑもんのすけのぶたか》*といひたる人は、b「あぢきなきことなり。ただ清き衣《きぬ》を着て詣でむに、なでふことかあらむ。必ずよもあやしうて詣でよと、御嶽さらにのたまはじ。」とて、三月つごもりに、紫のいと濃き*指貫《さしぬき》、白き*襖《あを》、山吹《やまぶき》のいみじうおどろおどろしきなど着て、*隆光《たかみつ》が主殿助《とのものすけ》なるには、青色の襖、紅《くれなゐ》の衣、*すりもどろかしたる水干《すいかん》といふ袴《はかま》を着せて、うち続き詣でたりけるを、帰る人も今詣づるも、めづらしうあやしきことに、すべて昔より、この山にかかる姿の人見えざりつと、③あさましがりしを、四月一日に帰りて、六月十日のほどに、④筑前守《ちくぜんのかみ》の辞せしになりたりしこそ、げに言ひけるにたがはずもと聞こえしか。⑤これは、あはれなることにはあらねど、御嶽のついでなり。

本文の展開　空欄にあてはまる語句を現代語で入れよ。【1点×4】

- 主題　あはれなるもの。
- 事例①　身分が高く［①］な子供。
- 事例②　［②］男が御嶽精進している姿。
- つなぎ　御嶽といえば、身分の高い人も質素な身なりで参詣するものだ。
- 挿話　右衛門佐［③］という人は、華美な身なりで御嶽詣でをしたが、［④］に任官した。

語注

*御嶽精進…吉野の金峰山《きんぶせん》の蔵王権現《ざおうごんげん》に参詣するために、一定期間心身を清めて仏道修行すること。

*立て隔てゐて…建具を閉めきって座って。

*額…額づくこと。礼拝。

*宣孝…藤原宣孝。右衛門府の次官であった。

*指貫…男性貴族の常用の袴。

*襖…狩衣《かりぎぬ》のこと。男性貴族の平服。

*隆光…宣孝の子。主殿寮の次官であった。

*すりもどろかし…乱れ模様にすり染めして。

重要古語

あはれなり 1 2 13　行ふ 2　やつる 5
なでふ 6　あやし 7 10　おどろおどろし 8

敬語

知・技	/10
思・判・表	/40
合計	/50

目標解答時間 30分

問一 内容 傍線部①で、「子」ではなく「人の子」と表現したのは、何を意識したためか。「孝」に注意して漢字一字で答えよ。［4点］

問二 語句 二重傍線部a・bのここでの意味を答えよ。［3点×2］

a

b

問三 口語訳 傍線部②は、どういう意味か。適当なものを次から選べ。［5点］

ア とても知恵のある人でも、やはり出家してから参詣するものだと聞いている。

イ 偉い方だと申しても、ひどく質素な身なりで参詣するものだと心得ている。

ウ 身分の高い人は、格別に着飾って参詣するものだと心得ている。

エ 立派な出で立ちの人は、誰かを伴って参詣するものだと聞いている。

問四 理由 御嶽詣での人々が傍線部③のように思ったのはなぜか。次から選べ。［5点］

ア 「清き衣」を着て参詣していたから。

イ 「あやしうて」参詣していたから。

ウ 「山吹のいみじうおどろおどろしきなど」を着て参詣していたから。

エ 「うち続き」参詣していたから。

問五 内容 傍線部④は、どういうことか。主語を明らかにして、二十五字以内で説明せよ。［6点］

問六 文脈 傍線部⑤「これ」は、何をさしているか。初めと終わりの三字で答えよ（句読点を含む）。［5点］

〜

問七 内容 宣孝はどのような人物として描かれているか。適当なものを次から選べ。［6点］

ア 革新的発想を持ち、自己顕示欲が強い人物。

イ 伝統を固持する、保守的意識の強い人物。

ウ 物事にこだわらない、庶民的な思考の人物。

エ 旧習にとらわれない、合理的精神を持った人物。

問八 文脈 本文に「あはれなるもの」の例はいくつあがっているか。漢数字で答えよ。［5点］

文法の整理　尊敬語

◆**尊敬語**―話し手（書き手）が動作をする人を敬う表現。

(1) **動詞** おはす（イラッシャル↓「あり」「をり」「行く」「来」の尊敬語）・のたまふ・仰す（オッシャル↓「言ふ」の尊敬語）・おぼす・おぼしめす（オ思イニナル）・聞こしめす（オ聞キニナル・召シ上ガル）・大殿籠《おほとのごも》る（オ休ミニナル）など

(2) **補助動詞** 給ふ・おはす・おはします（オ…ニナル・…ナサル）など

(3) **助動詞** る・らる・す・さす・しむ（オ…ニナル・…ナサル）

(4) **名詞** 君・御身・宮・行幸など

(5) **接頭語** 御・大・貴・尊など

(6) **接尾語** 殿・達・上・君など

問題演習

1 尊敬語を抜き出し、敬意のない語に改めよ。［1点×4］

(1) 御嶽さらにのたまはじ。（7行）

↓

(2) おぼすところあらんかしと、（8ページ・4行）

↓

奈良時代 | 平安時代 | 鎌倉時代 | 室町時代 | 江戸時代
700 800 900 1000 1100 1200 1300 1400 1500 1600 1700 1800 1900
筑波問答

9 筑波問答《つくばもんだふ》

文法 謙譲語・丁寧語

敬語

出典は連歌論書だが、なぜか蹴鞠《けまり》の話から始まる。蹴鞠を教える際の話や仏が教えを説く際の話が、連歌論とどのようにつながっていくのかを読み取ろう。

昔、*難波《なんば》の三位《さんみ》入道殿、人に鞠を教へ給ひしを問ひ奉りしに、「*手持ちは①いかほども開きたるがよき。」と教へられき。その次の日、またあらぬ人に会ひて、「鞠の手持ちやう、いかほどもすわりたるよき。」と仰せられき。これはその人の気に対して教へ変へられ侍るにや。後日に尋ね申し侍りしかば、「そのことに侍り。先の人は手がすわりたりしほどに、広げたるが本《もと》にてあると教へ、後の人は手の広ごりたれば、すわりたるが本にてあると申せしなり。」

仏の衆生《しゆじやう》の気に対してよろづの法を説き給へ②るも、みなかくのごとし。連歌も、あまりにどこともなからん人には、案じたるがよきと申すべし。沈みたらん人には、案ぜぬがよきと教ふべきなり。ただし、③二つに取れば、早くてどこともなき中に、無上の*堪能《かんのう》はおのづから出で来べきなり。沈み果てたらん人は、④うるはしき上手にはなるまじきにや。ただ、上手に初めより添ひて、心・詞《ことば》を学び給ふべし。下手に添ひてわろき心の執《しふ》着《ちやく》しぬれば、すべて直りがたきことなり。

初心のほど、ゆめゆめ万葉以下の古きことを好み給ふべからず。ただ、あさあさとしたる句のやすやすとしたるを、詞やさしく句軽《くがる》にし給ふべきなり。何とがなおもしろからんと案じ給ふこと、ゆめゆめあるべからず。

語注

*難波の三位入道…難波宗緒。鎌倉時代末から室町時代初めにかけての、蹴鞠の名人。

*手持ち…蹴鞠をするときの手の構え方。

*堪能…その道にすぐれていること。また、その人。

重要古語

あらぬ 2　会ふ 2　案ず 8 15　堪能 9　うるはし 10　ゆめゆめ 13 15　やさし 14　おもしろし 14

本文の展開

空欄にあてはまる語句を現代語で入れよ。【1点×4】

連歌の指導 難波の三位入道は、鞠を教える際に相手の［①　］に応じて教えた。

連歌の修行法 仏が衆生に法を説く際も同様で、［②　］を教える際もまた同様である。深く［③　］をしないほうがよく、初めから上手な人に付き従って学ぶのがよい。

連歌を作る際 初心者は［④　］を取り入れず、無難な句を軽快によみ、おもしろさを狙わない。

知・技　/11

思・判・表　/39

合計　/50

目標解答時間　30分

問一 語句 傍線部①の意味として適当なものを、次から選べ。［3点］

ア できるだけ広く
イ あまり多くならない程度に
ウ ほんの少しばかり
エ 好きな程度に

問二 文法 傍線部②と同じ語を含むものを次から選べ。［2点］

ア あはれにおぼさるれど
イ 往にし日々思ひ出でらる
ウ いづれの国へか行かるべき
エ 名にこそ立てれ桜花

問三 文脈 傍線部③の内容に該当するものを、本文中からそれぞれ抜き出せ。［3点×2］

問四 口語訳 傍線部④を口語訳せよ。［4点］

問五 主題 初心者が連歌を作る際に、具体的に注意すべき三点をあげて、それぞれ十字以内で答えよ（句読点不要）。［4点×3］

問六 内容 本文に述べられた蹴鞠・仏法・連歌それぞれの指導法に共通していることを、二十五字以内で説明せよ。［5点］

問七 主題 初心者の修行の心構えとして最も大切だと述べている箇所を、本文中から二十五字以内で抜き出せ（句読点を含む）。［4点］

問八 主題 この文章の内容と合致するものを次から選べ。［4点］

ア 蹴鞠・連歌に精進すれば仏道修行になる。
イ 難波の三位入道は連歌の名人でもある。
ウ 連歌上達のこつは、よく推敲《すいこう》することだ。
エ よむのが早くて特にすぐれた点がない者に、達人は自然と現れるものだ。

文法の整理　謙譲語・丁寧語

◆**謙譲語**―話し手（書き手）が動作の受け手を敬う表現。
(1)**動詞**　申す・聞こゆ・奏す・啓す・参る・まかる・奉る・侍り・候ふなど
(2)**補助動詞**　申す・聞こゆ・奉る・参らす（…申シ上ゲル）など

◆**丁寧語**―話し手（書き手）が聞き手（読み手）を敬う表現。
(1)**動詞**　侍り・候ふ（アリマス・オリマス→「あり」「をり」の丁寧語）
(2)**補助動詞**　侍り・候ふ（…デス・…マス）

●動詞の場合、「おそばに控える・お仕えする」意の謙譲語の用法もある。

問題演習

1 傍線部の敬語は動詞か補助動詞かを記し、敬語の種類を答えよ。［1点×6］

(1) 鞠を教へ給ひしを問ひ奉りしに、（1行）
(2) そのことに侍り。（4行）
(3) 案じたるがよきと申すべし。（8行）

奈良時代 700 | 800 平 900 安 1000 時 1100 代 | 1200 鎌倉時代 1300 | 室 1400 町 1500 時 代 | 1600 江 1700 戸 1800 時 代 1900
(伊勢物語)

10 伊《い》勢《せ》物語

文法　枕詞

和歌による感動が人事を解決した典型的な歌物語である。三つの歌がどのように男女間の出来事を落着させたか、それぞれの歌の妙味を読み取ろう。

昔、あてなる男ありけり。その男のもとなりける人を、*内記《ないき》にありける*藤原敏行《ふじはらのとしゆき》といふ人よばひ(a)けり。されど若ければ、文もをさをさしからず、言葉も言ひ知らず、いはむや歌はよまざりければ、かのあるじなる人、案を書きて、書かせてやりけり。めで惑ひにけり。さて、男のよめる。

〔Ⅰ〕つれづれのながめ①にまさる涙河袖のみひちてあふよしもなし

返し、②例の男、女に代はりて、

〔Ⅱ〕浅みこそ袖はひつらめ涙河身さへ流ると聞かば頼まむ

と言へりければ、男、いといたうめでて、今まで巻きて、*文箱《ふばこ》に入れてありとなむいふなる。男、文おこせたり。得てのちのことなりけり。「雨の降りぬべきになむ、③見わづらひ侍る。身幸ひあらば、この雨は降らじ。」と言へりければ、例の男、女に代はりてよみてやらす。

〔Ⅲ〕かずかずに思ひ思はず問ひがたみ④身を知る雨は降りぞまされる

とよみてやりければ、⑤蓑《みの》も笠《かさ》もとりあへで、しとどに濡《ぬ》れて惑ひ来にけり。

本文の展開　空欄にあてはまる語句を現代語で入れよ。［1点×4］

前段　ある ① な男のもとに仕えていた女に、藤原敏行が言い寄った。女が若く歌をよめなかったので、男が歌を ② して贈ったところ、敏行はこの歌に感動し、今も文箱にしまってあるそうだ。

後段　敏行と女が ③ した後の、ある雨の日、敏行の手紙に、女に代わって男が歌で答えたところ、敏行は ④ になって女のもとにやって来た。

語注

*内記…詔勅などの記録をつかさどる官。
*藤原敏行…？―九〇一。三十六歌仙の一人。
*文箱…手紙を入れておく箱。

重要古語

あてなり 1　よばふ 2　をさをさし 2
いはむや 2　めづ 3 8　つれづれ 5
ひつ 5 7　よし 5　頼む 7　しとどに 13

知・技	/7
思・判・表	/43
合計	/50

目標解答時間　30分

問一 語句 二重傍線部ａの本文中の意味を次から選べ。 〔3点〕

ア 招待し　イ 求愛し
ウ 呼びつけ　エ 歌をよみ

問二 表現 傍線部①は掛詞である。二つの意味を漢字を用いて答えよ。 〔4点〕

（　　）と（　　）

問三 文脈 傍線部②は、別の言い方でも表現されている。本文中からすべて抜き出せ。 〔6点〕

問四 内容 〔Ⅱ〕の歌の詠者は、〔Ⅰ〕の歌の一句を故意に曲げて解釈して愛情の不足を責めている。第何句を故意に曲げて解釈しているか。適当なものを次から選べ。 〔4点〕

ア 第一句　イ 第二句
ウ 第四句　エ 第五句

問五 口語訳 傍線部③を、内容がよくわかるように三十字以内で口語訳せよ。 〔6点〕

問六 内容 傍線部④には、歌の詠者のどのような心情が表現されているか。適当なものを次から選べ。 〔5点〕

ア 男にたいそう深く愛されているとわかったときの、涙がこぼれるほどの喜び。
イ 降り出した雨のために男が来ないとわかったときの、天を恨めしく思う気持ち。
ウ 雨にかこつけて来ない男の心変わりがわかったときの、狂おしいほどの怒り。
エ 男に愛されていないのではないかという、涙がこぼれるほどの深い悲しみ。

問七 内容 傍線部⑤は、〔Ⅲ〕の歌のどの言葉に応じて取った行動か。最も関係の深い言葉を五字以内で抜き出せ。 〔4点〕

問八 内容 本文中で、藤原敏行はどのような人物として描かれているか。傍線部⑤を参考にして、二十字以内で説明せよ。 〔6点〕

問九 文脈 この文章は二段に分けることができる。第二段の初めの五字を抜き出せ。 〔4点〕

文法の整理 枕詞

ある言葉をイメージ豊かに美しく表現するための習慣的・固定的な飾りの言葉を**枕詞**という。枕詞は原則として五音節からなり、普通口語訳しない。

◆代表的な枕詞

茜《あかね》さす ➡ 紫・日・昼
足引《あしび》きの ➡ 山・峰《を》
梓弓《あづさゆみ》 ➡ 引く・張る
青丹《あをに》よし ➡ 奈良
唐衣《からころも》 ➡ 着る・袖・裾《すそ》
草枕《くさまくら》 ➡ 旅・結ぶ
細波《さざなみ》の ➡ 近江・志賀
射干玉《ぬばたま》の ➡ 黒・夜・闇
久方《ひさかた》の ➡ 天・光・月

問題演習

1 次の歌の空欄に、適当な枕詞を入れよ。 〔2点×2〕

(1) 人もなき空《むな》しき家は（　　）旅にまさりて苦しかりけり （万葉集）

(2) （　　）夜の更《ふ》けゆけば久木《ひさぎ》生《お》ふる清き川原に千鳥しば鳴く （万葉集）

11 俊頼髄脳《としよりずいなう》

文法 序詞

奈良時代	平安時代	鎌倉時代	室町時代	江戸時代

700　800　900　1000　1100　1200　1300　1400　1500　1600　1700　1800　1900

俊頼髄脳（平安時代末期）

作者は本文に先立って、和歌には、自分がよんだ歌を後悔するという「後悔の病」があり、よみ急いではならないと述べている。伊勢大輔《いせのたいふ》の事例はどのように評しているか、読み取ろう。

*道信《みちのぶ》の中将の、山吹《やまぶき》の花を持ちて、*上《うへ》の御局《みつぼね》といへる所を過ぎけるに、女房たちあまたゐこぼれて、「さるめでたきものを持ちて、①ただに過ぐるやうやある。」と、②言ひかけたりければ、③もとよりやまうけたりけむ、

④*くちなしに*ちしほやちしほ染めてけり

と言ひて、⑤さし入れりければ、⑥若き人々、え取らざりければ、奥に、伊勢大輔が候《さぶら》ひけるを、「あれ取れ。」と宮*の仰せられければ、受け給ひて、一間《ひとま》がほどをゐざり出でけるに、思ひ寄りて、

⑦こはえもいはぬ花の色かな

とこそ、付けたりけれ。これを、上《うへ》聞こしめして、「大輔なからましかば、恥ぢがましかりけることかな。」とぞ、仰せられける。これらを思へば、心ときも、かしこきことなり。心とく歌をよめる人は、なかなかに久しく思へば、あしうよまるるなり。心おそくよみ出だす人は、すみやかによまむとするもかなはず。ただ、もとの心ばへにしたがひて、よみ出だすべきなり。

本文の展開

空欄にあてはまる語句を現代語で入れよ。〔1点×4〕

具体例　山吹の花を持って ① の前を通る道信に、女房たちが歌をよむように言った。〔発端〕

見事 ② をよんだところ、付け返す女房がいなかった。〔展開〕

中宮に命じられた伊勢大輔が即座に付けて、③ からもほめられた。〔結末〕

意見　歌はよむ人の ④ に従ってよむのがよい。

語注

*道信の中将…左近《さこん》中将藤原道信。

*上の御局…天皇の御座所《おましどころ》近くにある后《きさき》の部屋。

*くちなし…山吹色の染料として用いられた植物。

*ちしほやちしほ…何回も。

*宮…一条天皇の中宮彰子《しょうし》。あとの「上9」は一条天皇。

重要古語

ただなり2　かしこし10　なかなかに11　心ばへ12

知・技	思・判・表	合計
/7	/43	/50

目標解答時間 30分

問一 文脈 傍線部①の「ただに」は、女房たちがどのような意味で言った言葉か。ここでの具体的な意味を、八字以内で答えよ。［5点］

問二 内容 傍線部②は、どのような気持ちから道信の中将に言いかけているか。適当なものを次から選べ。［5点］

ア 揶揄《やゆ》　イ 不審
ウ 感謝　エ 称賛

問三 口語訳 傍線部③の口語訳として適当なものを次から選べ。［5点］

ア 言うまでもなく待ちかまえていたらしく
イ 本心では歌を贈るつもりだったのか
ウ 前もって歌を用意していたのだろうか
エ 染め物が必要だと思ったのか

問四 文脈 傍線部⑤は、何を差し入れたのか。本文中の語句で答えよ。［4点］

問五 理由 傍線部⑥において、若い女房たちが取ることができなかったのはなぜか。適当なものを次から選べ。［5点］

ア 場所が場所だけに帝も中宮もいらっしゃるので、遠慮したから。
イ 道信が立派な人であり、恥ずかしくて気おくれしてしまったから。
ウ 伊勢大輔がいるのに、出すぎた振る舞いをするのは気がひけたから。
エ とっさのことで、歌の下の句を付ける自信がなかったから。

問六 表現 傍線部⑦の「いはぬ」は、傍線部④のどの言葉と照応しているか。該当する言葉を抜き出せ。［5点］

問七 文脈 この文章を二段に分けると、後段はどこからか。初めの四字を抜き出せ。［5点］

問八 主題 作者は、歌をよむにあたって、どのようによむのがよいと述べているか。二十字以内で説明せよ。［5点］

問九 知識 伊勢大輔とともに中宮彰子に仕えた人として適当なものを次から選べ。［4点］

ア 清少納言　イ 紫式部
ウ 宮内卿《くないきょう》　エ 俊成女《としなりのむすめ》

文法の整理　序詞

枕詞と同じく、ある言葉を導き出すための前置きの語句を、**序詞**という。序詞は、枕詞のような伝統的固定性はなく、即興的、個性的に創作される。普通七音節以上からなり、表現内容に具体的イメージを与える。

◆序詞による修飾のしかた

(1) 比喩による方法

山鳥の尾のしだり尾の（序詞）→ながながし夜
→山鳥の垂れた尾の比喩によって（夜の）長さを表す。

(2) 掛詞による方法

風吹けば沖つ白波（序詞）→たつた山
→「たつ」に波が「立つ」と「竜田山」を掛けている。

(3) 同音反復による方法

五月《さつき》のあやめ草（序詞）→あやめも知らぬ
→「あやめ」（菖蒲《しょうぶ》）が同音の「あやめ」（筋道）を導く。

問題演習

1 次の歌に用いられている序詞を抜き出せ。［3点］

東路《あづまぢ》の小夜《さや》の中山《なかやま》なかなかに何しか人を思ひそめけむ（古今集）

奈良時代 ｜ 平安時代 ｜ 鎌倉時代 ｜ 室町時代 ｜ 江戸時代
700 800 900 1000 1100 1200 1300 1400 1500 1600 1700 1800 1900
今物語

12 今物語《いま》

文法 掛詞・縁語

『万葉集』の時代の柿本人麻呂《かきのもとのひとまろ》と山部赤人《やまべのあかひと》、『古今和歌集』の時代の紀貫之《きのつらゆき》と凡河内躬恒《おおしこうちのみつね》など、すぐれた歌人の競い合いによって和歌が発展したことは、『無名抄《むみょうしょう》』など多くの古典作品に記されている。

近ごろ、和歌の道、ことにもてなされしかば、内裏、仙洞(a*)、摂政家、いづれもとりどりに、底をきはめさせ給へり。臣下あまた聞こえし中に、治部卿定家《ぢぶきやうさだいへ》、宮内卿家隆《くないきやういへたか》とて、家の風絶ゆることなく、その道に名を得たりし人々なりしかば、この二人にはいづれも及ばざりけるに、あるとき、摂政殿、宮内卿を召して、「当時正しき歌よみ多く聞こゆる中に、いづれかすぐれ侍る。心に思はんやう、ありのままに。」と御尋ねありければ、「いづれともわきがたく候ふ。」とばかり申して、思ふやうありげなるを、「いかにいかに。」とあながちに問はせ給ひければ、懐より畳紙(b*)を落として、やがて出でにけり。御覧ぜられければ、

①明けばまた秋の半ばも過ぎぬべしかたぶく月の②惜しきのみかは

と書きたり。この歌は治部卿の歌なり。③かかる御尋ねあるべしとはいかでか知るべき。ただ、もとよりおもしろくおぼえて、④書きつけて持たれけるなめり。そののち、また治部卿を召して、先のやうに尋ねらるるに、これも申しやりたる方なくて、

⑤*かささぎの渡すやいづこ夕霜《ゆふしも》の雲居《くもゐ》に白き嶺《みね》のかけはし

と、高やかにながめて出でぬ。これは宮内卿の歌なりけり。⑥まめやかの上手の心は、⑦されば一つなりけるにや。

本文の展開 空欄にあてはまる語句を現代語で入れよ。［1点×4］

- 発端　近ごろすぐれた①［　　］が多いが、定家と家隆には及ばなかった。
- 展開　摂政殿が、家隆に当代の歌人の中で誰が最もすぐれているか尋ねると、家隆は②［　　］を書いた懐紙を落として退出した。
- 結末　定家は、同じように摂政殿から尋ねられて、③［　　］を高らかに吟詠して退出した。
- 編者の感想　④［　　］の心は、このように一致するものであろうか。

語注

*仙洞…上皇の御所。ここでは後鳥羽院《ごとば》のこと。
*畳紙…懐中に入れておく紙。
*かささぎの渡す…七夕の夜、織女《しょくじょ》を渡すため、鵲《かささぎ》が翼を連ねて天の川に橋をかけるという伝説。

重要古語

もてなす 1　当時 4　あながちなり 7
やがて 7　ながむ 14　まめやかなり 14

知・技 /16
思・判・表 /34
合計 /50
目標解答時間 30分

問一 語句 二重傍線部a・bの読みを現代仮名遣いで書け。〔2点×2〕

a　　b

問二 知識 傍線部①の歌は、いつのことをよんだものか。適当なものを次から選べ。〔2点〕

ア 七月七日　**イ** 八月十五日
ウ 九月九日　**エ** 九月三十日

問三 内容 傍線部②について、何が惜しいと言っているのか。十五字以内で答えよ。〔5点〕

問四 文脈 傍線部③は、どのような「御尋ね」か。三十字以内で説明せよ。〔5点〕

問五 理由 傍線部④について、この歌を持っていた理由を、編者はどのように考えているか。適当なものを次から選べ。〔4点〕

ア 興趣がある歌だと思ったから。
イ この歌について尋ねられると予測したから。
ウ 歌集を編もうと思ったから。
エ 暗誦《あんしょう》しようと思ったから。

問六 内容 傍線部⑤において、七夕の夜、織女を渡すため、鵲が翼を連ねて天の川にかける橋に、作者が見立てたものは何か。二十五字以内で説明せよ。〔6点〕

問七 口語訳 傍線部⑥は、どういう心か。適当なものを次から選べ。〔5点〕

ア まじめな歌よみの心
イ 誠実に上手になろうとする心
ウ こまめに動き回る人の心
エ まことの名人の心

問八 主題 傍線部⑦について、どのような意味で「一つなりける」と言っているのか。適当なものを次から選べ。〔5点〕

ア 他人との比較を心外に思っている。
イ 歌の境地を理解し、評価し合っている。
ウ 上の者にも自己主張している。
エ 行動が型にはまっている。

問九 知識 治部卿と関係の深いものを、次から二つ選べ。〔2点×2〕

ア 古今和歌集　**イ** 猿蓑《さるみの》　**ウ** 百人一首
エ 千載和歌集
オ 新古今和歌集

文法の整理　掛詞・縁語

◆**掛詞**
同音を利用して、一つの言葉で複数の意味を言い表す技法を、**掛詞**という。
・人まつ虫の声すなり（「待つ」と「松虫」）

◆**縁語**
ある中心となる語と、意味・内容の上で何らかの縁故・関係の深い語を照応させる技法を、**縁語**という。
・舟の上に生涯を浮かべ、（「浮かべ」は「舟」の縁語）

問題演習

1 傍線部の修辞技法を説明した後の文の空欄に、適当な言葉を補う形で答えよ。〔2点×3〕

(1) 山里は冬ぞさびしさまさりける人めも草もかれぬと思へば（古今集）

山里は冬が特にさびしさがまさって感じられることだなぁ。人の訪れも絶え、草も枯れてしまうと思うと。

「かれ」は「離《か》れ」と［　　］との掛詞。

(2) 鈴鹿山うき世をよそにふり捨てていかになりゆくわが身なるらん（新古今集）

鈴鹿山を、つらいこの世を自分には関係のないものとふりきって（越えて行くが）、この先どうなってゆくわが身なのだろうか。

［　　］［　　］は「鈴」の縁語。

13 平家《へいけ》物語

文法 識別①

後白河法皇をいただく反平家勢力の藤原成親《なりちか》や俊寛僧都《しゅんかんそうず》たちは、ひそかに平家討伐の謀議を行っていた。しかしその参加者の一人多田蔵人行綱《ただくらんどゆきつな》は計画に不安を感じ、入道相国《にゅうどうしょうこく》平清盛に密告しようと屋敷を訪れる。

五月二十九日の小夜《さよ》更け方に、多田蔵人行綱、入道相国の西八条の亭《てい》に参つて、「①行綱こそ申すべきこと候ふ間《あひだ》、参つて候へ。」と言はせければ、入道、「常にも参《さん》らぬ者が参じたるは何事ぞ。あれ聞け。」とて、主馬判官盛国《しゅめのはんぐわんもりくに》を出だされたり。「②人伝《ひとづて》には申すまじきことなり。」と言ふ間、さらばとて、入道みづから中門《ちゅうもん》の廊《らう》へ出でられたり。「夜《よ》ははるかに更けぬらん。ただ今いかに、何事ぞや。」とのたまへば、「昼は人目のしげう候ふ間、夜に紛れて参つて候ふ。このほど、院中の人々の、兵具《ひやうぐ》を調《ととの》へ、軍兵《ぐんびやう》を召され候ふをば、何とか聞こしめされ候ふ。」と申しければ、入道、「それは山*攻めらるべしとこそ聞け。」と、いとこともなげにぞのたまひける。行綱近う寄り、小声になつて申しけるは、「③その儀では候はず。a一向《いつかう》④御一家の御上とこそ承り候へ。」「さてそれをば、法皇も知ろしめされたるか。」「⑤子細《しさい》にや及び候ふ。成親卿の軍兵召され候ふも、*院宣《ゐんぜん》とてこそ召され候へ。」⑥俊寛がと振る舞うて、康頼《やすより》がかう申して、西光《さいくわう》がと申してなんどいふことども、初めよりありのままにはさし過ぎて言ひ散らし、「暇《いとま》申して。」とて出でにけり。入道大いにおどろき、大声をもつて侍《さぶらひ》ども呼びののしり給ふこと、聞くもおびただし。行綱なbまじひなること申し出だして、証人にや引かれんずらんと恐ろしさに、⑦大野《おほの》に火を放つたる心地して、人も追はぬに取り袴《ばかま》*して、急ぎ門外へぞ逃げ出でける。

本文の展開 空欄にあてはまる語句を現代語で入れよ。［1点×4］

発端 五月二十九日の夜更けごろに、多田行綱が平清盛邸に参って、清盛への［①　　］を請うた。

展開 人づてでは申せないことだと再度請うて出て来た清盛に、行綱は、平家討伐のため、［②　　］が院宣と称して武具を用意し、［③　　］を集めていると密告した。

結末 清盛が侍どもを呼び、大騒ぎとなったので、行綱は［④　　］なって門外へ逃げ出した。

語注

*山…比叡山。ここでは反後白河法皇勢力の延暦寺の僧徒たちのこと。

*院宣…法皇のご命令。

*取り袴して…股立ち《ももだち》（袴の上部の両脇のあいた部分）を手に取って。走りやすくする用意。

重要古語

間 2 4 6　一向 9　ののしる 13　なまじひなり 13

知・技	/13
思・判・表	/37
合計	/50
目標解答時間	30分

問一 文法 傍線部①・②はともに行綱の言葉であるが、①に「候ふ」「候へ」を用い、②に用いていないのはどのような意識によるものか。三十字以内で簡潔に説明せよ。 〔5点〕

問二 語句 二重傍線部a・bの本文中の意味をそれぞれ次から選べ。 〔2点×2〕

a ア 全然　イ やっぱり　ウ すべて　エ そうそう

b ア 大胆な　イ よけいな　ウ 卑劣な　エ ばかげた

問三 文脈 傍線部③は、何をさすか。本文中から八字以内で抜き出せ。 〔4点〕

問四 内容 傍線部④は、何が「御一家の御上」というのか。本文中から三十字以内で抜き出せ。 〔5点〕

問五 口語訳 傍線部⑤の意味として適当なものを、次から選べ。 〔5点〕

ア あれこれ申し上げるまでもございません

イ もちろん詳細なことはわかりかねますが

ウ 計画は周到に練られています

エ ご存じではなかったのですか

問六 内容 傍線部⑥の行綱の説明について、作者はどのように評しているか。適当なものを次から選べ。 〔5点〕

ア 大げさだ　イ 失礼だ　ウ さしでがましい　エ 正直だ

問七 内容 傍線部⑦にたとえられた行綱の心の状態を、三十字以内で説明せよ。 〔6点〕

問八 内容 行綱の卑小な人柄を、作者が特に強調して表現した箇所として適当なものを、次から二つ選べ。 〔4点×2〕

ア 「人伝には申すまじきことなり。」

イ 「夜に紛れて参つて候ふ。」

ウ 行綱近う寄り、小声になつて申しけるは、

エ ありのままにはさし過ぎて言ひ散らし、

オ 人も追はぬに取り袴して、

文法の整理　識別①

◆「けれ」の識別

1 **過去の助動詞「けり」の已然形**⇨連用形に接続。

2 **形容詞・形容詞型活用語の已然形活用語尾(シク活用は語尾の一部)**⇨助動詞「けり」は語幹や終止形に接続しない。

3 **カ行四段動詞已然形活用語尾＋完了・存続の助動詞「り」の已然形・命令形**⇨助動詞「けり」は語幹に接続しない。

◆「し」の識別

1 **サ変動詞の連用形**⇨「する」の意味。

2 **サ行四段動詞の連用形活用語尾**⇨上の語幹と切り離せない。

3 **過去の助動詞「き」の連体形**⇨連用形に(カ変・サ変には未然形にも)接続。

4 **副助詞**⇨取り除いても文意が通じる。

問題演習

1 **傍線部が過去の動詞(き・けり)であるものをすべて選び、番号で答えよ。** 〔4点〕

(1) 咲かざり①し花も咲②けれど　(万葉集)

(2) 野分《のわき》の朝《あした》こそをか③し④けれ。　(徒然草)

(3) 男も女も恥ぢかは⑤してあり⑥けれど、　(伊勢物語)

14 源氏物語《げんじ》

文法 識別②

奈良時代	平安時代（源氏物語）	鎌倉時代	室町時代	江戸時代

700 800 900 1000 1100 1200 1300 1400 1500 1600 1700 1800 1900

次の文章は、光源氏の子夕霧《ゆうぎり》が十二歳になったので、その元服の儀式を夕霧の祖母大宮の邸宅で行い、続いて大学寮入学のための儀式を源氏の邸宅二条院の東の院で行った場面に続くくだりである。

うち続き、入学といふことせさせ給ひて、Aやがてこの院の内にa御曹司つくりて、まめやかに、b才深き師に預け聞こえ給ひてぞ、学問せさせ奉り給ひける。①大宮の御もとにも、をさをさまうで給はず。「夜昼《よるひる》うつくしみて、なほ児《ちご》のやうにのみもてなし聞こえ給へれば、②かしこにては、えもの習ひ給はじ。」とて、③静かなる所に、籠《こ》め奉り給へるなりけり。「一月《ひとつき》に三度《みたび》ばかりを、参り給へ。」とぞ、許し聞こえ給ひける。つと籠《こも》りゐ給ひて、いぶせきままに、殿を、「つらくもおはしますかな。かく苦しからでも、高き位にのぼり、世に用ゐらるる人は、なくやはある。」と、思ひ聞こえ給へど、おほかたの人柄まめやかに、あだめきたるところなくおはすれば、いとよく念じて、B「いかでさるべき書《ふみ》どもとく読み果てて、交じらひもし、世にも出でたらむ。」と思ひて、ただ四、五月《よつきいつつき》のうちに、史記などいふ書は、読み果て給ひてけり。

今は*寮試《れうし》受けさせむとて、④まづわが御前《おまへ》にて試みさせ給ふ。例の大将、左大弁、式部の大輔《たいふ》、左中弁などばかりして、御師の大内記を召して、史記の難《かた》き巻々《まきまき》、寮試受けむに、博士《はかせ》の*かへさふべき節々《ふしぶし》を引き出でて、ひとわたり読ませ奉り給ふに、至らぬ隈《くま》もなく、方々《かたがた》に通はし読み給へるさま、*爪《つま》じるし残らず、⑤あさましきまでありがたければ、「さるべきにこそおはしけれ。」と、⑥たれもたれも涙落とし給ふ。

本文の展開 空欄にあてはまる語句を現代語で入れよ。［1点×4］

発端 源氏は、屋敷の中に［①　］を作り、［②　］のすぐれた師に夕霧を預け、勉強させた。

展開 夕霧は、父の厳しさをひどいと思いつつも、我慢して学ぼうと思い、短期間で［③　］を読破した。

結末 寮試の前に夕霧の力を試してみると、見事に［④　］するので、人々は感動し、涙を流す。

語注

*寮試…大学寮の試験。
*かへさふべき節々…繰り返し試問しそうな箇所。
*爪じるし…不審の箇所に爪でつけるしるし。

重要古語

やがて 1　曹司 1　まめやかなり 1 7
才 2　をさをさ 3　もてなす 3
いぶせし 6　つらし 6　あだめく 8

知・技	思・判・表	合計
/10	/40	/50

目標解答時間 30分

問一 語句 二重傍線部a・bの読みを現代仮名遣いで書け。 [2点×2]

a　b

問二 語句 二重傍線部A・Bの意味を答えよ。 [2点×2]

A　B

問三 内容 傍線部①とあるが、その原因となった夕霧に対する大宮の愛情はどのようなものか。漢字二字の熟語で答えよ。 [4点]

問四 文脈 傍線部②・③は、どこをさすか。適当なものをそれぞれ次から選べ。 [3点×2]

ア 宮中　**イ** 東の院　**ウ** 師の邸宅
エ 大宮の邸宅

②　③

問五 内容 傍線部④のために、源氏は大将をはじめとして夕霧の学問の先生まで呼び寄せているが、現代でいうと、具体的にはどのようなことをしたのか。四字で答えよ。 [4点]

問六 口語訳 傍線部⑤の解釈として適当なものを次から選べ。 [4点]

ア 不思議なまでに感謝したい思いなので
イ 嘆かわしいほどにあり得ないので
ウ あきれるほどもったいないので
エ 驚くほどに類まれなので

問七 理由 傍線部⑥で、人々が涙を落としたのはなぜか。二十字以内で説明せよ。 [5点]

問八 内容 勉強をしている夕霧の心情として適当なものを、次から二つ選べ。 [4点×2]

ア こんな勉強をしなくても出世できるはずなのに、ひどい仕打ちをするものだ。
イ 身分が低い人間はなんと苦労することか。
ウ 先に出世した人たちに追いつけるかどうか少し不安だ。
エ 我慢してがんばってさっさと勉強し、早く世間に出てやろう。
オ 親の力を借りて出世しただけでは、のちに自分が困るだろう。

問九 内容 作者は、夕霧の性格をどのように描いているか。一語の現代語で答えよ。 [5点]

文法の整理 識別②

◆「たり」の識別

1 完了・存続の助動詞「たり」の連用形・終止形⇩連用形に接続。

2 断定の助動詞「たり」の連用形・終止形⇩体言に接続。「…である」の意味。

3 タリ活用形容動詞の連用形・終止形活用語尾⇩助動詞「たり」は語幹に接続しない。

◆「なり」の識別

1 推定・伝聞の助動詞「なり」の連用形・終止形⇩終止形(ラ変型活用語には連体形)に接続。

2 断定の助動詞「なり」の連用形・終止形⇩体言・連体形に接続。

3 ナリ活用形容動詞の連用形・終止形活用語尾⇩助動詞「なり」は語幹に接続しない。

4 ラ行四段動詞「なる」の連用形⇩「成る」の意味。「く・と・に・ず」+なり。

問題演習

1 傍線部が断定の助動詞(たり・なり)であるものを選び、番号で答えよ。 [2点]

(1) 静か①なる所に、籠め奉り給へる②なりけり。(4行)
(2) あだめき③たるところなくおはすれば、(8行)
(3) 世にも出で④たらむ。(9行)

15

讃岐典侍日記《さぬきのすけにっき》

文法 識別③

奈良時代｜平安時代（讃岐典侍日記）｜鎌倉時代｜室町時代｜江戸時代
700 800 900 1000 1100 1200 1300 1400 1500 1600 1700 1800 1900

次の文章は、亡き堀河《ほりかわ》天皇にかつて仕えていた作者が、幼い鳥羽《とば》天皇（堀河天皇の子、六歳）に仕えるために、再び参内した日の翌日、鳥羽天皇と対面する場面である。

　つとめて、起きて見れば、雪いみじく降りたり。今もうち散る。御前《おまへ》を見れば、別《べち》にたがひたることなき心地して、おはしますらむありさま、ことごとに思ひなされてゐたるほどに、「降れ降れ、こ雪。」と、いはけなき御けはひにて仰せらるる、聞こゆる。こは誰《た》そ、誰が子にか、と思ふほどに、①まことにさぞかし。思ふにあさましう、これを主《しゆう》とうち頼み参らせて候《さぶら》はむずるかと、頼もしげなきぞあはれなる。

　昼は［ A ］心地して、暮れてぞ昇る。「今宵よきに、もの参らせそめよ。」と言ひに来たれば。御前の大殿油《おほとなぶら》暗らかにしなして、「こち。」とあれば、すべり出でて参らする、昔にたがはず。*御台《みだい》のいと黒らかなる、御器《ごき》なくて土器《かはらけ》にてあるぞ、見ならはぬ心地する。走りおはしまして、②顔のもとにさし寄りて、「誰《たれ》ぞ、こは。」と仰せらるれば、人々、「堀河院の御乳母子《めのとご》ぞかし。」と申せば、まこととおぼしたり。③ことのほかに、見参らせしほどよりは、おとなしくならせ給ひにけりと見ゆ。一昨年《をとどし》のことぞかし、参らせ給ひて、弘徽殿《こきでん》におはしまいし[a]に、*この御方に渡らせ給ひしかば、しばしばかりありて、「今は、さは、帰らせ給ひね[b]。日の暮れぬさきに頭《かしら》けづらむ。」と、そそのかし参らせ給ひしかば、「今しばし候はばや。」と仰せられたりしを、いみじうをかしげに思ひ参らせ給へりしなど、ただ今の心地して、④かきくらす心地す。

語注

*御台…食器を載せる台。御台が黒くなっていて、「御器8」（蓋のついた塗《ぬ》り椀《わん》）でなく、「土器8」であるのは、服喪中であるから。

*この御方…堀河天皇の起居していた清涼殿。

重要古語

つとめて1　いはけなし3　おとなし11　そそのかす13

本文の展開　空欄にあてはまる語句を現代語で入れよ。［1点×4］

前段　翌朝、生前の堀河天皇を思い出していたとき、［ ① ］な様子で歌う声が聞こえる。これが、お仕えする［ ② ］ご自身であったよ。

後段　日が暮れて［ ③ ］に参上した。以前より大人らしくなられ、堀河天皇が在世中に宮中に参上されたときのことが今のように思われて、［ ④ ］で胸がいっぱいになる。

知・技　/12
思・判・表　/38
合計　/50
目標解答時間　30分

問一 口語訳 傍線部①を、指示語の内容を明らかにして口語訳せよ。〔5点〕

問二 文脈 空欄Aに入る語として適当なものを次から選べ。〔4点〕

ア はしたなき　イ さうざうしき
ウ やんごとなき　エ よろしき

問三 内容 傍線部②は、どのような様子を表したものか。適当なものを次から選べ。〔5点〕

ア 故院（父親）のゆかりの人を慕う様子。
イ 以前よりしっかりしてきた様子。
ウ まだ遠慮を知らない様子。
エ 色好みの様子。

問四 内容 傍線部③は、どのようなことを述べたものか。三十字以内で説明せよ。〔6点〕

問五 文法 二重傍線部a・bの助動詞の、文法的意味と活用形を答えよ。〔2点×2〕

a ・　b ・

問六 内容 傍線部④に示されている作者の心情として適当なものを次から選べ。〔5点〕

ア 堀河天皇時代の親しかった人々は一人もいなくて、心が不安で孤独感につつまれる。
イ 今は亡き堀河天皇のことが何かにつけて思い出され、心が悲しみでいっぱいになる。
ウ 幼い鳥羽天皇の頼りないご様子を見るにつけ、出仕したことが後悔され悲しくなる。
エ 幼い鳥羽天皇に亡き堀河天皇の面影が重なり、懐かしんでいる。

問七 文脈 本文中には、堀河天皇在世中の出来事の回想がある。その箇所を抜き出し、初めと終わりの三字で答えよ。〔4点〕

〜

問八 主題 このたびの出仕で、作者は、今や幼帝鳥羽天皇の時代になったという現実を、どのように感じているか。本文中から十五字以内で抜き出せ。〔5点〕

問九 知識 『讃岐典侍日記』よりもあとに成立した日記を次から選べ。〔2点〕

ア 十六夜《いざよい》日記　イ 蜻蛉《かげろう》日記
ウ 紫式部日記　エ 更級日記

文法の整理 識別③

◆「なむ」の識別

1 他に対する願望の終助詞⇩未然形に接続。文末にあり、「…てほしい」の意味を表す。

2 強意(確述)の助動詞「ぬ」の未然形＋推量の助動詞「む」の終止形・連体形⇩連用形に接続。

3 強意の係助詞⇩体言・連体形・助詞などに接続。文末は係り結びで連体形になる。「くなむ・になむ・ずなむ」に注意。

4 ナ変動詞の未然形活用語尾＋推量の助動詞「む」の終止形・連体形⇩「死なむ・往(去)なむ」の形になる。

5 断定の助動詞「なり」の連体形撥音便⇩「なんなり・なんめり」の形となる。

1〜4の「む」の表記が「ん」の場合に注意。

■問題演習■

1 傍線部を口語訳せよ。〔3点×2〕

(1) いまはただ思ひ絶えなむとばかりを人づてならで言ふよしもがな（後拾遺集）

(2) 高砂《たかさご》のをのへの桜咲きにけり外山《とやま》のかすみ立たずもあらなむ（後拾遺集）

16 去来抄《きょらいせう》

文法 識別④

知・技	思・判・表	合計
/12	/38	/50

目標解答時間 30分

次の〔Ⅰ〕・〔Ⅱ〕は、宗次《そうじ》と去来の句をめぐっての話で、先師(亡くなった先生)松尾芭蕉《ばしょう》の作句に対する考え方を示した一節だ。共通する考え方を読み取ろう。

〔Ⅰ〕　じだらくに寝れば涼しき夕べかな

『*猿蓑《さるみの》』撰のとき、宗次一句の入集《にっしゅう》を願ひて、数句吟じ来たれど、①取るべきなし。一夕、先師の、「いざ、くつろぎ給へ。我も臥《ふ》しなん。」とのたまふに、宗次も、「御ゆるし候へ。じだらくに居れば涼しく侍る。」と申す。先師いはく、「②これ、発句なり。」と、今の句に作りて、「入集せよ。」とのたまひけり。

〔Ⅱ〕　*玉棚《たまだな》の奥なつかしや親の顔　　去来

初めは、「面影のおぼろにゆかし玉祭り*」といふ句なり。このとき添書《そへがき》に、「祭るとき*は神いますがごとしとやらん。③玉棚の奥なつかしくおぼえ侍る」よしを申す。先師、伊《い》賀《が》の文《ふみ》にいはく、「玉祭り、もつとも の意味ながら、④この分にては古びに落ち申すべく候ふ。⑤注に、玉棚の奥なつかしやと侍るは、何とて句にはなり侍らざらん。⑥中文字和《やは》らかなれば、下をけやけく、親の顔と置かば、句にはなるべし。」となり。その思ふところ、すぐに句となることを知らず、深く思ひ沈み、かへつて心重く詞《ことば》しぶり、あるいは心確かならず。これらは初心の輩《ともがら》の覚悟あるべきことなり。

本文の展開　空欄にあてはまる語句を現代語で入れよ。［1点×4］

「じだらくに」の句　芭蕉の言葉に応じた ①［　　］ の発言がそのまま句になると、芭蕉が指摘した。

「玉棚の」の句　初案の句の添書に ②［　　］ が記した言葉がそのまま句になると、芭蕉が指摘した。

結論　③［　　］ ところがそのまま句となると気がつかずに、考えすぎると失敗する。俳諧の ④［　　］ は心構えをしなければならない。

語注

*猿蓑…「芭蕉七部集」五番目の俳諧撰集。去来・凡兆《ぼんちょう》の撰。

*玉棚…お盆に食物などを供えて祖先の霊を祭る棚。

*玉祭り…お盆など、先祖の霊を祭る行事。

*祭るときは神いますがごとし…『論語』(八佾《はちいつ》編)に見える言葉。

重要古語

じだらくなり 1 4　吟ず 2　一夕 2
ゆかし 7　けやけし 11　輩 13　覚悟 13

問一 知識 〔Ⅰ〕・〔Ⅱ〕の句の季節は、旧暦のいつごろか。次から選べ。［4点］

ア 〔Ⅰ〕は春、〔Ⅱ〕は夏
イ 〔Ⅰ〕は夏、〔Ⅱ〕も夏
ウ 〔Ⅰ〕は夏、〔Ⅱ〕は秋
エ 〔Ⅰ〕は秋、〔Ⅱ〕も秋

問二 内容 傍線部①は、具体的にはどういうことか。二十五字以内で説明せよ。［5点］

問三 文脈 傍線部②の「これ」は何をさすか。本文中から抜き出せ。［5点］

問四 理由 傍線部③とあるが、なぜ「なつかしくおぼえ」るのか。適当なものを次から選べ。［5点］

ア 年に一度、このときしか親に会えないから。
イ 親の面影が心の中に浮かんでくるから。
ウ 奥まで心をこめて玉棚をしつらえたから。
エ 親と一緒に玉棚をしつらえた昔を思い出すから。

問五 口語訳 傍線部④は、どういう意味か。適当なものを次から選べ。［5点］

ア こんな具合だから古風な句にはならないのです
イ こんな調子の句では古めかしい感じが出てこないでしょう
ウ これほどの句にしては古風に欠ける句になっています
エ このままでは古くさいよみ方になってしまうでしょう

問六 内容 傍線部⑤の「注」とは何か。本文中の一語で答えよ。［4点］

問七 内容 傍線部⑥の「けやけく」は、ここではどういう意味か。中文字(第二句)との対比に注意して、六字以内で答えよ。［5点］

問八 主題 〔Ⅰ〕・〔Ⅱ〕に共通する芭蕉の作句に対する考え方として適当なものを次から選べ。［5点］

ア 対象をありのままに捉えたうえで、芸術的感動にまで高めて句にする。
イ 古人の伝統的詩情を重んじ、これと通じ合ったときの感動を素直に句にする。
ウ あまり作為に走ることなく、日常の自然な真情を率直に句にする。
エ 短詩型文学の達成を目指し、一語一語を厳しく吟味して句にする。

文法の整理 識別④

◆「らむ」の識別

1 現在推量の助動詞⇨終止形(ラ変型活用語には連体形)に接続。
2 完了・存続の助動詞「り」の未然形＋推量の助動詞「む」⇨サ変動詞の未然形、四段動詞の已然形に接続。
3 (完了・推量・断定など)助動詞未然形の一部＋推量の助動詞「む」⇨「たらむ・べからむ・ならむ」など。
4 ラ行四段・ラ変動詞の未然形活用語尾＋推量の助動詞「む」⇨助動詞「らむ」は語幹に接続しない。

問題演習

1 次の「らむ〈らん〉」は、前の1〜4のどれにあたるか。番号で答えよ。［2点×4］

(1) 心あてに折らばや折らむ初霜の置き惑はせる白菊の花 (古今集)
(2) 冬ながら空より花の散り来るは雲のあなたは春にやあるらむ (古今集)
(3) あたら夜の月と花とを同じくは心知れらむ人に見せばや (後撰集)
(4) つゆ違はざらんと向かひゐたらんは、ひとりある心地やせん。(徒然草)

(1)
(2)
(3)
(4)

1

戦国策《せんごくさく》

名医の扁鵲《へんじゃく》が秦《しん》の武王《ぶおう》に謁見した。武王は扁鵲に病状を告げ、扁鵲はその病気を取り除くことを申し出る。武王が側近の発言を扁鵲に告げると、扁鵲は怒って石針を投げつけた。なぜ扁鵲は怒ったのであろうか。

医扁*鵲見《ユ》㆓秦《ノ》武*王《ニ》㆒。[a]‖武王示《ス》㆓之《ニ》病《ヲ》㆒。扁鵲請《フ》㆑除《カント》。[b]‖

左右曰《ハク》、「君之病《ハ》、在《リ》㆓耳之前、目之下《ニ》㆒。①除《クトモ》㆑之《ヲ》、②未《ダ》㆓必*已《いエ》㆒也。③将《ニ》㆑使《メント》㆓耳《ヲシテ》不《ラ》㆑聡《ナラ》、目《ヲシテ》不《ラ》㆑明《ナラ》。」④君以《ツテ》告《グ》㆓扁鵲《ニ》㆒。

扁鵲怒《リテ》而投《ジテ》㆓其《ノ》*石《ヲ》㆒曰《ハク》、「君与㆓⑤知《ル》㆑之《ヲ》者㆒謀《リテ》㆑之《ヲ》、而与㆓⑥不《ル》㆑知《ラ》者㆒敗《やぶル》㆑之《ヲ》。⑦使《もシ》此《かクノゴトクニシテ》知《つかさどラバ》㆓秦国之政《ヲ》㆒也、[c]‖則《チ》⑧君一挙《ニシテ》而亡《ボサント》㆑国《ヲ》矣。」

句形 否定形①

部分否定・全部否定／二重否定

知・技	/25
思・判・表	/25
合計	/50

目標解答時間 25分

本文の展開 空欄にあてはまる語句を本文中から抜き出せ。［1点×4］

▼名医の①□が秦の②□に謁見した。

▼武王は扁鵲に病状を告げ、扁鵲はそれを治療することにした。

▼武王の③□は言った、「君の病気は耳の前、目の下にありますので、治療は難しいでしょう。」と。

▼武王が側近の言葉を扁鵲に告げると、扁鵲は怒って言った、「このように④□の政治をお執りになっていては、君は一挙にして国を滅ぼしてしまうでしょう。」

語注

*扁鵲…名医の名。

*武王…戦国時代、秦の君主。

*已…癒える。治癒する。

*石…医療用の石針。

基本句形

未《ダ》㆓必《ズシモ》～㆒。 2〈否定形⇩P.37・39〉

使《ム》㆓—《ヲシテ（セ）》～㆒。 3〈使役形⇩P.49〉

使《シ》～《バ》、 5〈仮定形⇩P.53〉

問一 語句 二重傍線部a〜cの読みを現代仮名遣いで書け。 〔2点×3〕

a ユ　b フ　c チ

問二 文脈 傍線部①とあるが、何を除いたのか。本文中の語で答えよ。（訓点不要） 〔3点〕

問三 訓読 傍線部②を書き下し文に改めよ。 〔5点〕

問四 口語訳 傍線部③を口語訳せよ。 〔4点〕

問五 文脈 傍線部④とあるが、君が扁鵲に告げたことはどんなことか。本文中から初めと終わりの二字を抜き出せ。（訓点不要） 〔4点〕

〜

問六 文脈 傍線部⑤・⑥は、それぞれ何をさすか。本文中の語で答えよ。（訓点不要） 〔3点×2〕

⑤　⑥

問七 語句 傍線部⑦と置き換えることのできる字を、次から選べ。 〔2点〕

ア 命　イ 被　ウ 雖　エ 若

問八 内容 傍線部⑧のように言ったときの扁鵲の思いとして適当なものを、次から選べ。 〔4点〕

ア 専門家だけではなく、できるだけ多くの人の意見を聞くことが大切であるということ。

イ 国の政治を執るためには、側近の意見が何よりも大切であるということ。

ウ 専門家の意見よりも専門家ではない人の意見のほうが正しいこともあるということ。

エ 何事もその道の専門家の意見をよく聞いて信頼することが大切であるということ。

基本句形の整理　否定形①　➡2・3行

1 書き下し文を参考に返り点をつけよ。 〔2点×3〕

①法に非《あら》ざれば言はず、道に非ざれば行はず。

非法不言、非道不行。

②未だ之れ有らざるなり。

未之有也。

③物に於《お》いて陥《とほ》さざる無きなり。

於物無不陥也。

2 次の文を書き下し文に改めよ。 〔2点×3〕

①非ズ㆑無キ㆓忠義之臣㆒。

②終ニ不㆑能ハ㆓復タ入ルコト㆒㆑石ニ矣。

③有ル㆑言者ハ、不㆓必ズシモ有ラ㆒㆑徳。

老子《らうし》

老子はどんなものを「天の道」と称し、どんなものを「人の道」としているだろうか。そうしてどんな人を「有道者」とし、どんな期待をかけているだろうか。

天之道ハ、①其猶レ張レ弓与。高キ者ハ抑ヘレ之ヲ、下《ひく》キ者ハ挙ゲレ之ヲ、有ルレ余リ者ハ損ジレ之ヲ、不ルレ足ラ者ハ補フレ之ヲ。天之道ハ、②損レ有レ余、而補レ不レ足。③人之道ハ則チ a不レ然。損ジテレ不ルヲレ足ラ以ツテ奉ズレ有ルニレ余リ。④孰能有レ余以奉ニ天下一。⑤唯ダ*有スルレ道ヲ者ナルノミ。b是以聖人ハ*為スモ而不レ恃《たの》マ、⑥功成ルモ而不レ処《を》ラ。其レ*不ルレ欲セレ見《あらは》スヲレ賢ヲ也。

語注

*有道…「天の道」を体得している人。
*為而不恃…偉大なはたらきをしても、その功績を頼みとしない。
*不欲見賢…自分の賢明さを人に示そうとしない。

基本句形

孰《カ》～《ン(ヤ)》。 3〈反語形⇩P.43・45〉
唯《ダ》～《ノミ》。 4〈限定形⇩P.55〉

句形 否定形②

部分否定・全部否定／二重否定

本文の展開 空欄にあてはまる語句を本文中から抜き出せ。［1点×4］

▼「天の道」と「人の道」
・「天の道」は、公平無私。①［　　］りを②［　　］じて
・「人の道」は、不公平で貪欲。③［　　］を④［　　］う。
　しかし「有道者」だけは別。
▼「聖人」（有道者）の存在
・「聖人」は「天の道」を行おうとしている。謙譲の徳を抱き、天下万民のために尽くしている。

知・技 /23
思・判・表 /27
合計 /50

目標解答時間 25分

問一 語句 二重傍線部a・bの読みと送り仮名を現代仮名遣いで書け。 〔2点×2〕

a

b

問二 訓読 傍線部①を書き下し文に改めよ。 〔4点〕

問三 口語訳 傍線部②を口語訳せよ。 〔4点〕

問四 内容 傍線部③「人之道」は、「天之道」に比べてどうであるか説明せよ。 〔3点〕

問五 訓読 傍線部④を平仮名だけで書き下せ。 〔3点〕

問六 口語訳 傍線部④を口語訳せよ。 〔4点〕

問七 口語訳 傍線部⑤を前文「孰能有〜天下。」に続けて訳したら、どうなるか。前文との間に適切な言葉を補って口語訳せよ。 〔4点〕

問八 内容 傍線部⑥の意味として適当なものを、次から選べ。 〔3点〕

ア 成果をあげても、その栄光に居座らない。
イ 成果をあげても、驕《おご》りたかぶらない。
ウ 成功をおさめても、それは長続きしない。
エ 成功したとしても、何も立派なことではない。

問九 主題 老子の主張は次のうちどれか。適当なものを選べ。 〔5点〕

ア 現実の人間世界を離れ、自然の中で暮らすことを考えるべきである。
イ 人の世に不満を持つより、自然のあり方に学ぶべきである。
ウ 自然のあり方をよく見て、人の生き方を反省するべきである。
エ 人の世の不公平に気づき、これを是正するべきである。

基本句形の整理 否定形② ➡3行

1 書き下し文を参考に返り点をつけよ。 〔2点×3〕

① 能はざるに非ず、為さざるなり。
非 不 能、不 為 也。

② 未だ嘗《かつ》て見《まみ》ゆることを得ずんばあらざるなり。
未 嘗 不 得 見 也。

③ 父母の年は、知らざるべからざるなり。
父 母 之 年、不 可 不 知 也。

2 次の文を書き下し文に改めよ。 〔2点×3〕

① 非ズレ 不ルニレ 説《よろこ》バニ 子 之 道ヲ一。

② 終ニ 不レ 能ハレ 得ルコトレ 璧ヲ。

③ 不レ 得ニ 与レ 王 語ルヲ一。

3 孝子伝《かうしでん》

句形 疑問形

原谷《げんこく》の父親は、親不孝であった。ある日父親は、原谷とともに祖父を山に捨てにいくが、原谷は引き返して、祖父を乗せていった輦《れん》を山から取って戻ってくる。叱りつける父親に、原谷はどのように答えただろうか。

孝孫原谷者《は》楚人也。其《ノ》父(イ)不孝《ニシテ》、①常《ニ》厭《いとフ》父(ロ)之不《ルヲ》死《セ》。時《ニ》父(ハ)作《リ》輦《ヲ》*入《レ》父《ヲ》(ニ)、与《ニ》原谷共《ニ》担《ヒ》、②棄置山中《ニ》還《ル》家。原谷走《リ》還《リ》、齎《もチ》来《タル》載《スル》祖父《ヲ》輦《ヲ》。③*呵嘖《かせきシテ》云《フ》、「④何故其持来耶。」原谷答《ヘテ》云《フ》、「人《ノ》子《ハ》老父《ヲ》棄《ツル》山《ニ》者也。我《ガ》父老《イタル》時、入《レテ》之《ヲ》将《ニ》棄《テント》。⑤不《ハ》能《ハ》更《ニ》作《ルコト》。」爰《ここニ》父(ホ)思惟《しゐシテ》之《ヲ》更《ニ》還《リ》、*将《ゐテ》祖父《ヲ》帰《ル》家《ニ》。還《タ》⑥為《ル》孝子《ト》。惟《これ》孝孫原谷之方*便也⑦。

本文の展開 空欄にあてはまる語句を本文中から抜き出せ。［1点×4］

▼孝孫の原谷は楚国の人。
・彼の父親は ① で、父親が死なないことを嫌がっていた。
・あるとき、父親は ② を作り、父親を担いで、山中に捨て置いた。
▼原谷は、祖父を載せた輦を持ち帰った。
・父親…「どうして持ち帰ったのか。」と。
・原谷…「人の子は ③ を山に捨てる。私の父親も、この輦に入れて捨てよう。新たに作ることはできないから。」と。
▼父親は山に戻り、 ④ を連れ帰った。父親もまた孝子となった。
▼これは孝孫原谷の方便である。

語注
*輦…人が手で担ぐ輿《こし》のこと。 *将…連れて。
*呵嘖…叱り責めること。
*方便…仮のてだて。手段。

基本句形
何故《ニ》～耶。 3〈疑問形⇨P.41〉

知・技	/25
思・判・表	/25
合計	/50

目標解答時間 25分

問一 語句 二重傍線部a〜cの読みを現代仮名遣いで書け。 ［2点×3］

a　　　　　b　　ニ

c　　タ

問二 語句 傍線部①と置き換えることのできる字を、次から選べ。 ［2点］

ア 本　**イ** 毎

ウ 曽　**エ** 当

問三 文脈 波線部㋑・㋺・㋩・㊁・㋭のうち、原谷の祖父をさしているものをすべて選べ。 ［4点］

問四 訓点 傍線部②は「山中に棄て置きて家に還る。」と訓読する。これに従って返り点をつけよ。 ［3点］

棄 置 山 中 還 家。

問五 文脈 傍線部③の主語は誰か。適当なものを次から選べ。 ［4点］

ア 原谷の父

イ 原谷

ウ 原谷の祖父

エ 原谷の子

問六 訓読 傍線部④を平仮名だけで書き下せ。（文末の「と」は不要） ［2点］

問七 内容 傍線部⑤とあるが、何を作ることができないと言うのか。本文中の語で答えよ。 ［4点］

問八 文脈 傍線部⑥とあるが、誰が孝子となったのか。適当なものを次から選べ。 ［4点］

ア 原谷の父

イ 原谷

ウ 原谷の祖父

エ 原谷の子

問九 内容 傍線部⑦とあるが、「方便」の内容について説明せよ。 ［5点］

基本句形の整理　疑問形 ➡3行

1 書き下し文を参考に返り点をつけよ。 ［2点×3］

①彼と此れと、孰《いづ》れか難き。

彼 与 此、孰 難。

②浮生は夢のごとし、歓を為すこと幾何《いくばく》ぞ。

浮 生 若 夢、為 歓 幾 何。

③君に問ふ何ぞ能く爾《しか》ると。

問 君 何 能 爾。

2 次の文を書き下し文に改めよ。 ［2点×3］

①我 安クニカ 適 帰セン 矣。

②女《なんぢ》 忘レタル二 会《くわい》 稽《けい》 之 恥ヲ一 邪。

③寒 梅 著ツケシヤレ 花ヲ 未ダシヤ。

4 図画見聞志《づぐわけんぶんし》

句形 反語形①

馬正恵《ばせいけい》が手に入れた水牛の絵は、牛の絵の名手と言われる厲帰真《れいきしん》が描いたものであった。書斎に飾ってあるその絵を見た小作人は、しばらく絵を眺めたあとで笑った。それはなぜか。

＊馬正恵嘗テ得タリ下闘ハス二水牛ヲ一一軸ヲ上。云ヒ二＊厲帰真ノ画ナリト一、甚ダ愛スレ之ヲ。一日展《てん》二曝《ばく》ス於書室ノ双《さう》扉《ひ》之外ニ一。有リ二輸《＊いた》スレ租ヲ＊荘《さう》賓《ひん》一、適《たまたま》①立ツ二於＊砌《せい》下《か》ニ一。凝玩スルコト久シクレ之ヲ、既ニシテ而窃《カ》ニ a 哂《わら》フ。公於イテ二青《＊せい》瑣《さ》ノ間ニ一見レ之ヲ、呼ビテ問ヒテ曰ハク、「吾ガ蔵セル画、②農夫安得二観而笑一レ。③有ラバレ説則チ可、無クンバレ説則チ罪セントレ之ヲ。」荘賓曰ハク、「某非ズ二知ルレ画ヲ者ニ一、④但識ルノミ二真牛ヲ一。其ノ闘フ也尾ハ夾《はさ》ミ二於＊髀《ひ》間《かん》ニ一、b 雖モ二壮夫ノ旅＊力ト一、不レ可カラ二少《いささ》カモ開ク一。此ノ画ノ牛尾挙起ス、⑤所以笑其失真。」

⑥愚 c 謂ヘラク、雖モ二画者ノ能之妙ト一、不レル及バ二農夫ノ見之専《もつぱ》ラナルニ一也。⑦擅《ほしいまま》ニスルレ芸ヲ者ノ所ナリトレ宜シク（キ）二博究ス一。

本文の展開 空欄にあてはまる語句を本文中から抜き出せ。［1点×4］

▼馬正恵は、絵の名手厲帰真の［①　　］が格闘する絵を手に入れた。

・小作人は、しばらく眺めたあとで笑った。

▼［②　　］は小作人に言った、「なぜ私の絵を笑うのか。」と。

▼小作人は言った、「私は絵のことはわかりませんが、［③　　］はよく知っています。牛は闘うとき、尾を［④　　］に挟みます。この絵の牛の尾は立ったままです。」と。

▼一芸に秀でる者は、広く究めるべきだ。

語注

＊馬正恵…人名。北宋《そう》の軍人で、学問を好んだ。

＊厲帰真…人名。五代から北宋の道士で、牛や虎の絵を得意とした。

＊輸租…年貢を納める。　＊荘賓…小作人。

＊砌…石段。　＊青瑣…窓。

＊髀…太股《ふともも》。　＊旅力…体力。

基本句形

但ダ〜ノミ。 6〈限定形⇩P.55〉

雖モ二〜一、 6 8〈仮定形⇩P.53〉

知・技 /25

思・判・表 /25

合計 /50

目標解答時間 30分

問一 語句 二重傍線部a～cの読みを現代仮名遣いで書け。［2点×3］

a カニ　b モ　c ヘラク

問二 文脈 傍線部①は何を見たのか。本文中から十字以内で抜き出せ。（返り点・送り仮名不要）［3点］

問三 訓読 傍線部②を書き下し文に改めよ。［2点］

問四 内容 傍線部③の意味として適当なものを、次から選べ。［4点］

ア 言うことがあれば許してやるが、なければ処罰するぞ。
イ おまえの言うことが正しいかどうか、確かめてみよう。
ウ 言うことがあろうがなかろうが、許すわけにはいかないぞ。
エ 正しいことを言っているように思えるが、やはり処罰しよう。

問五 語句 傍線部④と置き換えることのできる字を、次から選べ。［2点］

ア 将　**イ** 常　**ウ** 若　**エ** 唯

問六 訓点 傍線部⑤は「其の真を失せるを笑ひし所以なりと。」と訓読する。これに従って返り点をつけよ。［3点］

所以笑其失真。

問七 内容 傍線部⑤の「失真」とはどういうことか。二十字以内で説明せよ。［5点］

問八 文脈 傍線部⑥は誰をさすか。適当なものを次から選べ。［4点］

ア 馬正恵　**イ** 厲帰真　**ウ** 荘賓　**エ** 編者

問九 内容 傍線部⑦について、「擅レ芸者」はどうするのがよいというのが編者の主張か。三十字以内で説明せよ。［5点］

基本句形の整理　反語形①　⬇4行

1 書き下し文を参考に返り点をつけよ。［2点×3］

① 未だ生を知らず、焉《いづ》くんぞ死を知らんや。
未知生、焉知死。

② 王侯将相 寧《いづ》くんぞ種有らんや。
王侯将相寧有種乎。

③ 誰か烏の雌雄を知らんや。
誰知烏之雌雄。

2 次の文を書き下し文に改めよ。［2点×3］

① 以ツテレ臣ヲ弑《しい》スレ君ヲ、可ケンレ謂フレ仁ト乎。

② 帝力何ゾ有ラン二於我一ニ哉。

③ 何人カ不ランレ起コサ二故園ノ情ヲ一。

5 貞観政要《ぢやうぐわんせいえう》

句形 反語形②

唐《とう》の太宗《たいそう》が侍臣たちに、天下を保つことの難易を尋ねた。魏徴《ぎちょう》は「それは甚だ難しいことだ。」と答えて、天下を守ることが難しい理由を太宗に説いた。

貞観十五年、太*宗謂《ヒテ》二侍臣《ニ》一曰《ハク》、「守《ルコト》二天下《ヲ》一難《キヤ》易《キヤト》。」‖a 侍中魏*徴対《ヘテ》曰《ハク》、「甚《ダ》難《シト》。」太宗曰《ハク》、「任《ジ》二［A］《ニ》一、受《クレバ》二諫*《かん》諍《さうヲ》一、則《チ》可《ナラン》。①何謂為難。」徴曰《ハク》、「観《ルニ》二自《リノ》レ‖b古《いにしへ》帝王《ヲ》一、在《レバ》二於憂危之間《ニ》一、則《チ》任《ジ》レ賢《ニ》受《ク》レ諫《メヲ》。及《ビテハ》レ至《ルニ》二安楽《ニ》一、必《ズ》懐《いだク》二寛*怠《ヲ》一。恃《たのミテ》二安楽《ヲ》一而欲《スレバ》二寛怠《ヲ》一、②言事者惟《ダ》‖c令《ム》二競*《きよう》懼《くセ》一。日*《ニ》陵《シ》月《ニ》替《シ》、以《ッテ》至《ル》二危亡《ニ》一。聖人《ノ》③所以居安思危、正《ニ》為《レ》レ此《レガ》也。④安《クシテ》而《モ》能《ク》懼《おそル》、⑤豈不レ為レ難。」

本文の展開 空欄にあてはまる語句を本文中から抜き出せ。【1点×4】

▼太宗の質問
・「天下を守る」ことの難易について。
・魏徴は「甚難。」と答えた。
▼太宗の再質問
・何が難しいのか？
・魏徴が「甚難。」の理由を説明。
帝王は、憂危の間には
─①［　　］に任じ ②［　　］を受く。
安楽には
─③［　　］を欲し、④［　　］に至る。
聖人は、安きに居りて危うきを思うと。

語注
*太宗…唐の二代皇帝。李世民《りせいみん》。
*魏徴…唐の名臣。
*諫諍…強く諫《いさ》めること。
*寛怠…ゆるみ怠ること。
*競懼…つつしみ恐れること。
*日陵月替…しだいに衰えること。

基本句形
何《ゾ》～。 3〈疑問形⇩P.41〉
惟《ダ》～（ノミ）。 5〈限定形⇩P.55〉
豈《ニ》不《ランヤ》レ～。 7〈反語形⇩P.43・45〉

知・技 /25
思・判・表 /25
合計 /50
目標解答時間 25分

問一 語句 二重傍線部a〜cの読みを現代仮名遣いで書け。［2点×3］

a キヤト　b リノ　c ダ

問二 文脈 空欄Aに入る語として適当なものを、次から選べ。［3点］

ア 無能　**イ** 知能
ウ 権能　**エ** 賢能

問三 訓読 傍線部①の書き下し文として適当なものを、次から選べ。［3点］

ア 難しと為すに何をか謂はんやと。
イ 何ぞ難しと為すと謂ふと。
ウ 何れの難を為すと謂ふかと。
エ 何すれぞ難しと謂ふやと。

問四 文脈 傍線部②と意味が最も近いと思われる語を、本文中から二字で抜き出せ。［4点］

問五 訓点 傍線部③は「安きに居りて危ふきを思ふ所以は、」と訓読する。これに従って返り点をつけよ。［4点］

所以居安思危、

問六 文脈 傍線部④は、何を「懼」れるというのか。本文中の二字で答えよ。［4点］

問七 口語訳 傍線部⑤を口語訳せよ。［5点］

問八 理由 魏徴が「天下を守る」ことが「甚難」とした理由として適当なものを、次から選べ。［5点］

ア 天下をよくしようと思っても、古代の帝王たちの決めた制度が邪魔をするから。
イ 天下は時がたつにつれてしだいに悪い状態になっていくものだから。
ウ 天下が危険な状態にあるときでも、自分の役割を怠る者が多いから。
エ 天下を治めていると、平和なときにはあまり警戒しなくなるものだから。

基本句形の整理　反語形②　➡7行

1 書き下し文を参考に返り点をつけよ。［2点×3］

①鶏を割《さ》くに、焉くんぞ牛刀を用ゐん。
割鶏、焉用牛刀。

②君子仁を去りて、悪《いづ》くにか名を成さん。
君子去仁、悪乎成名。

③焉くんぞ仁人位に在る有りて、民を罔《あみ》することを而《しか》も為すべけんや。
焉有仁人在位、罔民而可為也。

2 次の文を書き下し文に改めよ。［2点×3］

①我豈ニ忘レンヤ二父母ノ恩ヲ一。

②孰《たれ》カ能ク無カランレ惑ヒ。

③百獣之見テレ我ヲ、而敢ヘテ不ランレ走《に》ゲ乎。

6 郁離子《いくりし》

句形　感嘆形

工之僑《こうしきょう》がすばらしい琴を作って朝廷に献上したところ、「古くない」として返された。そこで工之僑が古めかしく変えて市場に出したところ、それは朝廷に献上された。工之僑はそれを聞いて嘆く。その理由とは？

*工之僑得タリ二良桐ヲ一焉。断チテ而為《つく》リレ琴ヲ、弦シテ而鼓スルニレ之ヲ、金*声ニシテ而玉応ス。自ラ以ツテ為ス二天下之美ト一也。献ズレ之ヲ。①*太常使*国工視之。曰ハク、「弗《ず》トレ古ナラ。」還スレ[a]之ヲ。工之僑以ツテ帰ル。謀リテ二諸ヲ[b]漆工ニ一、作サシム[c]二*断紋ヲ一焉。又謀リテ二諸ヲ*篆《てん》工《こう》ニ一、作サシム二古《こ》*款《くわん》ヲ一焉。②匣而埋ニ二諸土ニ一、期年ニシテ出ダシレ之ヲ、抱キテ以ツテ適《ゆ》クレ市ニ。貴人過《よぎ》リテ而見レ之ヲ、易フルニレ之ニ以ツテシ二百金ヲ一、献ズ二諸ヲ③朝ニ一。楽官伝ヘ視テ、皆曰ハク、「④希世之珍也ト。」工之僑聞キレ之ヲ、⑤嘆ジテ曰ハク、「悲シイ哉、世也《や》。⑥豈独一琴哉。莫レ不レ然、矣。而シテ不ンバ二早《つと》ニ図ラレ之ヲ、其レ与《とも》ニ亡ビント矣。」遂ニ去ル。

本文の展開　空欄にあてはまる語句を本文中から抜き出せ。［1点×3］

▼工之僑が名琴を作った。
・朝廷に献上。［①　　　］くないからと返された。
・漆工、篆工に細工を頼み、土の中に一年間［②　　　］めて、市場に出した。
▼貴人が見つけて朝廷に献上。
・楽官たちは「希世の珍」とたたえた。
▼工之僑の嘆き。
・悲しいかな、［③　　　］の中はすべてこうなのか。

語注

*工之僑…人名。楽器職人。
*金声而玉応…音の響きが美しいさま。
*太常…祭祀《さいし》、礼楽を司《つかさど》る役人。
*国工…国の中で最も権威のある職人。
*断紋…とぎれとぎれになった模様。
*篆工…文字を彫る職人。
*古款…古めかしい文字。

基本句形

～哉、―也。 7〈感嘆形⇩P.47〉
豈ニ～ン哉。 7〈反語形⇩P.43・45〉
莫レシ不ル(ハ)レ～。 8〈否定形⇩P.37・39〉

知・技	/25
思・判・表	/25
合計	/50
目標解答時間	30分

問一 語句 二重傍線部a〜cの読みを現代仮名遣いで書け。〔2点×3〕

a （　　ス）　b （　　ヲ）　c （サシム）

問二 訓点 傍線部①は「太常　国工をして之を視しむ。」と訓読する。これに従って返り点をつけよ。〔4点〕

太　常　使　国　工　視　之。

問三 口語訳 傍線部②はどういうことか。適当なものを次から選べ。〔5点〕

ア 琴を箱の中にしまい、それを土の中に埋めて、

イ 琴を箱の代わりにして、それを土の中に埋めて、

ウ 箱で新しい琴を作り、それを土の中に埋めて、

エ 古めかしい文字を箱に刻み、それを土の中に埋めて、

問四 文脈 傍線部③のさすものを本文中の語で答えよ。〔5点〕

問五 口語訳 傍線部④とはどういう意味か。わかりやすく口語訳せよ。〔5点〕

問六 訓読 傍線部⑥を書き下し文に改めよ。〔3点〕

問七 内容 傍線部⑤で、工之僑はどんなことを嘆いているのか。その説明として適当なものを次から選べ。〔7点〕

ア 権威を持った人間だけによって、物事の価値が決められるという世の風潮を嘆いている。

イ どんなにすばらしい技術を持っていても、今の世の中では認められないことを嘆いている。

ウ 偽りの細工を施したために、職人までも罪に問われるかもしれないということを嘆いている。

エ 見た目に惑わされ、物事の本質が正しく認められない世の中であることを嘆いている。

基本句形の整理　感嘆形 ⬇7行

1 書き下し文を参考に返り点をつけよ。〔2点×3〕

①嗚《あ》呼《あ》悲しいかな、天は我に与《くみ》せず。

嗚　呼　悲　哉、天　不　我　与。

②惟《た》だ我と爾《なんぢ》と是れ有るかな。

惟　我　与　爾　有　是　夫。

③是れ何ぞ牛羊を養ふことの多きや。

是　何　養　牛　羊　之　多　也。

2 次の文を書き下し文に改めよ。〔2点×3〕

①何ゾ　反《そむ》ク二　我ガ　国ニ一　者ノ　多キ　也。

②豈ニ　不二　無キ　双ノ　国　士ナラ一　乎。

③於《あ》乎《あ》　保ツコトハ二　天　下ヲ一　誠ニ　難シ　矣。

7 説苑《ぜいえん》

斉《せい》の景公《けいこう》は、自分の馬を死なせてしまった圉人《ぎょじん》を、憤りのあまり自らの手で殺そうとした。間に入った宰相の晏子《あんし》は、その罪を数えあげて圉人を責め立てるが、その意図は？

景公ニ有リレ馬。其ノ圉*人殺スレ之ヲ。公怒リテ援《とり》レ戈《ほこ》ヲ、①将自撃之。晏子曰ハク、「此レ不シテレ知ラ二其ノ罪ヲ一而死ス。臣請フ為ニレ君ノ‖a数*《せ》メレ之ヲ、②令知其罪而殺之。」公曰ハク、「諾ト。」晏子挙ゲテレ戈ヲ而臨ミテレ之ニ曰ハク、「汝為ニ二吾ガ君ノ一養ヒテレ馬ヲ而殺スレ之ヲ、而ノ‖b罪当タルレ死ニ。③汝使三吾君以レ馬之故殺二圉人一、而ノ罪又当タルレ死ニ。汝使三吾君以レ馬故殺レ人、聞*コエ二於四隣ノ諸侯ニ一、汝ノ罪又当タルトレ死ニ。」公曰ハク、「④夫子釈セレ‖c之ヲ、夫子釈セレ之ヲ。⑤勿カレトレ傷ツクルコトニ我ガ仁ヲ一也。」

本文の展開 空欄にあてはまる語句を本文中から抜き出せ。【1点×4】

▼景公の馬を、[①]が殺した。
怒った景公は圉人を殺そうとした。

▼[②]が言うには、
「この者に、自分の[③]をわからせてから、殺すことにしましょう。」と。

▼晏子は圉人に言った、
「おまえは王の馬を殺した…罪①
・馬を死なせたという理由で王におまえを殺させようとした…罪②
・馬を死なせただけで部下を殺したという評判を立てさせようとした…罪③」

▼景公は言った、
「その者を許してやってくれ。私の[④]を傷つけてはならぬ。」と。

語注
＊圉人…馬を養う役人。
＊数…罪を数えあげて責める。
＊聞…評判になる。

基本句形
令ム二〜一。(セ) 3〈使役形⇨P.49〉
勿カレ〜(スル(コト))レ。 7〈否定形⇨P.37・39〉

句形 使役形

使役形・受身形

知・技	/26
思・判・表	/24
合計	/50

目標解答時間 25分

問一 語句 二重傍線部a〜cの読みを現代仮名遣いで書け。〔2点×3〕

a（　　ニ）　b（　　ノ）　c（　　セ）

問二 文脈 波線部のさすものを本文中の語で答えよ。〔4点〕

問三 訓読 傍線部①を平仮名だけで書き下し文にした場合、適当なものを次から選べ。〔2点〕

ア まさにみづからこれをうたんとす。
イ まさにみづからこれをうつべし。
ウ まさにおのづからこれをうたんとす。
エ はたおのづからこれをうたんや。

問四 訓点 傍線部②は「其の罪を知らしめて之を殺さんと。」と訓読する。これに従って返り点をつけよ。〔4点〕

令 知 其 罪 而 殺 之。

問五 訓読 傍線部③を書き下し文に改めよ。〔2点〕

問六 文脈 傍線部④は誰をさすか。本文中の語で答えよ。〔4点〕

問七 理由 傍線部⑤とあるが、景公がこのように言った理由を、三十五字以内で答えよ。〔6点〕

問八 主題 本文の説明として適当なものを、次から選べ。〔6点〕

ア 晏子はこの出来事を通して景公を失脚させようとした。
イ 晏子は圉人を責めるふりをしてその命を救った。
ウ 景公は戦力としての馬を失って没落した。
エ 景公は晏子の言動を疑い、遠ざけるようになった。

基本句形の整理　使役形 ➡3・4行

1 書き下し文を参考に返り点をつけよ。〔2点×3〕

① 孔子 子路をして津《しん》を問はしむ。

孔 子 使 子 路 問 津 焉。

② 楚王 陰《ひそ》かに羽《う》をして之を誅《ちゅう》せしむ。

楚 王 陰 令 羽 誅 之。

③ 乃ち張良をして往かしめ、信を立てて斉王と為す。

乃 遣 張 良 往、立 信 為 斉 王。

2 次の文を書き下し文に改めよ。〔2点×3〕

① 命ジテ㆓故人ニ㆒書セシム㆑之ヲ。

② 若教メタル㆓淮陰侯ヲシテ反セ㆒乎。

③ 遣ム㆓従者ヲシテ懐《いだ》キテ㆑璧ヲ間行シテ先ヅ帰ラ㆒。

8 後漢書《ごかんじょ》

趙阿《ちょうあ》は、婦人としての道をわきまえた人であったが、その夫の周郁《しゅういく》は行いが悪かった。夫の行為がいっこうに改まらない様子を見て、郁の父の偉《い》は、「道をもって夫を正すべし。」と言う。そこで趙阿は……。

*沛《はい》郡《ノ》周郁《ノ》妻者《は》、同郡《ノ》趙孝之女[a]也。字《ハ》[b]阿。少《クシテ》[c]習《ヒ》二*儀訓《ヲ》一、閑《ならフ》二於婦道《ニ》一。而《ルニ》郁《ハ》*驕淫軽躁、多《ク》行《フ》二無礼《ヲ》一。郁《ノ》父偉謂《ヒテ》レ阿《ニ》曰《ハク》、「新婦《ハ》賢者《ノ》女、①当以道匡夫。郁之不《ルハ》レ改《メ》、新婦之②過也《ト》。」阿拝《シテ》而受《ケ》レ命《ヲ》、退《キテ》謂《ヒテ》二左右《ニ》一曰《ハク》、「我無《シ》二*樊《はん》衛《ゐい》二姫之行《ヒ》一、故《ニ》③君以《ツテ》責《ム》レ我《ヲ》。我言《ヒテ》而不《レバ》レ用《キラレ》、君必《ズ》謂《おもハン》二我不《ルト》レ奉《ゼ》二教令《ヲ》一。則《チ》④罪《ハ》在《リ》レ我《ニ》矣。⑤若言而見用、是《レ》為《ス》二子違《ヒテ》レ父《ニ》而従《フト》レ婦《ニ》一。則《チ》罪《ハ》在《リ》レ彼《ニ》矣。生《キテ》如《クンバ》レ此《かクノ》、亦何《ゾ》聊《やすンゼン》哉《ト》。」乃《チ》自殺《ス》。⑥莫《シ》レ不《ル》レ傷《いたマ》レ之《ヲ》。

本文の展開　空欄にあてはまる語句を本文中から抜き出せ。［1点×4］

▼周郁の妻は、趙孝の娘で、字は ① 。
周郁は、行いが無礼であった。
▼郁の父の偉は阿に言った、
「道をもって夫の行いを改めよ。郁の行いが改まらなければ、それは ② である。」と。
▼阿は、左右の者に言った、
「私には、 ③ の行いがない。夫の行いが改まらなければ、罪は私にあり、改まったら、罪は夫にあることになる。これでは生きていけない。」と。
▼阿は ④ してしまった。

語注
*沛郡…地名。　*儀訓…正しい教え。
*驕淫軽躁…行いがおごっていて軽はずみなこと。
*樊衛二姫…樊姫と衛姫。ともに夫の過ちを改めさせた賢婦人。

基本句形
若《シ》〜《バ》、 6〈仮定形⇩P.53〉
何《ゾ》〜《ン》哉。 8〈反語形⇩P.43・45〉
莫《シ》レ不《ル(ハ)》二〜一。 8〈否定形⇩P.37・39〉

句形 受身形
使役形・受身形

知・技 /25
思・判・表 /25
合計 /50
目標解答時間 30分

問一 語句 二重傍線部a～cの読みを現代仮名遣いで書け。［2点×3］

a ［　　］　b ［　　ハ］　c ［　　クシテ］

問二 訓点 傍線部①は「当《まさ》に道を以つて夫を匡《ただ》すべし。」と訓読する。これに従って返り点をつけよ。［2点］

当 以 道 匡 夫。

問三 語句 「過」が傍線部②と同じ意味で用いられている熟語を、次から選べ。［2点］

ア 通過
イ 過去
ウ 過失
エ 過敏

問四 文脈 傍線部③は誰をさすか。適当なものを次から選べ。［4点］

ア 周郁
イ 趙孝
ウ 郁父偉
エ 阿

問五 理由 夫が阿の説諭を聞き入れなかった場合、傍線部④のように阿が考えるのはどういうことになるからか。三十字以内で説明せよ。［6点］

問六 訓読 傍線部⑤を平仮名だけで書き下し文にした場合、適当なものを次から選べ。［3点］

ア なんぢいひてもちゐらるれば、
イ いひてもちゐらるるがごときは、
ウ もしいひてもちゐらるれば、
エ もしいひてようをみれば、

問七 口語訳 傍線部⑥を口語訳せよ。［5点］

問八 理由 阿が自殺した理由として適当なものを、次から選べ。［6点］

ア 夫の父の偉が、自殺するように迫ったから。
イ 夫と夫の父との間で、板挟みになったから。
ウ 夫と自分の父の趙孝とが、争いを止めなかったから。
エ 夫を今のまま自由にさせておきたいと思ったから。

基本句形の整理　受身形 ➡6・7行

1 書き下し文を参考に返り点をつけよ。［2点×3］

① 若《なんぢ》が属 皆 且に虜《とりこ》とする所と為らんとす。

若 属 皆 且 為 所 虜。

② 却《かへ》つて人の欺く所と為る。

却 為 人 所 欺。

③ 秦の恵王に遊説して用ゐられず。

遊 説 秦 恵 王 不 用。

2 次の文を書き下し文に改めよ。［2点×3］

① 信ナレドモ而見レ疑ハ。

② 祇タダ辱メラル二於奴隷人之手一。

③ 以テレ功ヲ封ゼラル二武安侯一ニ。

9 呂氏春秋《りょししゅんじゅう》

句形 仮定形

次の文章では、自分がそのことについて「知っていない（わかっていない）」ということを「知る」ことの大切さを、高陽応《こうようおう》と匠《たくみ》（建築家）の故事を例にして説いている。

*知《ルハ》レ不《ルヲ》レ知《ラ》上《ナリ》矣。過《ツ》[a]者之患《うれヒハ》、①不レ知而自以為レ知。物多《シ》二類《にテ》レ然《ルニ》而《モ》不《ルモノ》レ然《ラ》。*高陽応将《ニ》レ為《つくラント》二室家《ヲ》一。匠対《ヘテ》曰《ハク》、②「未レ可也。木尚《ホ》[b]生、加《フレバ》二*塗《どろヲ》其《ノ》上《ニ》一、必《ズ》将《ニ》レ撓《たわマント》。以《ッテ》レ生《ヲ》為《レバ》レ室《ヲ》、③今雖レ善、後将《ニ》二必*敗《ニ》一。」高陽応曰《ハク》、「縁《よレバ》二子之言《ニ》一、則《チ》室④不《ル》レ敗《レ》也。木益[c]枯《ルレバ》則《チ》勁《つよク》、塗益乾《ケバ》則《チ》軽《シ》。以《ッテ》二益勁《キヲ》一*任《ささフレバ》二益軽《キヲ》一、則《チ》不《ル》レ敗《レ》也《ト》。」⑤匠人無《ク》二辞《シテ》而対《フル》一、受《ケテ》レ命《ヲ》而為《ル》レ之《ヲ》。室之始《メテ》成《ル》也善《キモ》、其《ノ》後果《タシテ》敗《ル》。⑥高陽応好《ミテ》二小察《ヲ》一、而不《ル》レ通《ゼ》二乎大理《ニ》一也。

本文の展開 空欄にあてはまる語句を本文中から抜き出せ。［1点×4］

▼筆者の主張
・「知らざる」ことを［①　　］っている人こそ、優れた知者だ。

▼具体例
・高陽応が室家を建てようとした。すぐに［②　　］をぬらせようとした。匠は反対。
・高陽応と匠の議論
匠…材木が乾いてからぬるべきだ。

高陽応…乾いていなくても大丈夫だ。
・その結果
家は果たして［③　　］れた。

▼筆者のまとめ…［④　　］を知るべきだ。

語注

*知不知…『論語』に「知之為知之、不知為不知。是知也。」（之を知るを之を知ると為し、知らざるを知らずと為す。是れ知るなり。）とある。

*類然…一見、そのように見える。

*高陽応…人名。　*塗…どろ。塗料。

*敗…壊れる。　*任…支える。

基本句形

未レ～。3〈否定形⇨P.37・39〉

知・技	/25
思・判・表	/25
合計	/50

目標解答時間 30分

問一 語句 二重傍線部a〜cの読みを現代仮名遣いで書け。 [2点×3]

a ［　　ツ］ b ［　　ホ］ c ［　　］

問二 訓読 傍線部①を書き下し文に改めよ。 [2点]

問三 口語訳 傍線部①を口語訳せよ。 [3点]

問四 訓読 傍線部②を書き下し文に改めよ。 [2点]

問五 訓読 傍線部③を平仮名だけで書き下せ。(文末の「と」は不要) [3点]

問六 理由 傍線部④のように高陽応が考える根拠は何か。本文中から初めと終わりの二字を抜き出せ。(訓点不要) [4点]

［　　〜　　］

問七 内容 傍線部⑤の意味について、適当なものを次から選べ。 [4点]

ア 匠人は、それが間違いであることを説明することができず、

イ 匠人は、仕事を途中で辞退することもできず、

ウ 匠人は、後で家が壊れてもしかたがないとあきらめ、

エ 匠人は、後で家が壊れても責任はとれないと言ったうえで、

問八 内容 傍線部⑥について、次の問いに答えよ。

(1) 「小察」とは、ここではどのようなことをいうのか。本文に即して三十字以内で具体的に説明せよ。 [5点]

(2) 「大理」とは、ここではどのようなことをいうのか。本文に即して三十字以内で具体的に説明せよ。 [5点]

基本句形の整理　仮定形 ➡5・6行

1 書き下し文を参考に返り点をつけよ。 [2点×3]

① 学若《も》し成る無くんば、復《ま》た還らず。

学 若 無 成、不 復 還。

② 天運苟《いや》しくも此くのごとくんば、且《しばら》く杯中の物を進めん。

天 運 苟 如 此、且 進 杯 中 物。

③ 築かずんば、必ず将に盗有らんとす。

不 築、必 将 有 盗。

2 次の文を書き下し文に改めよ。 [2点×3]

① 縦《たとヒ》富貴《トナルトモ》、無《カラン》二相忘《ルルコト》一。

② 雖《モ》二晋伐《うツト》レ斉《ヲ》、楚《ハ》必《ズ》救《ハン》レ之《ヲ》。

③ 微《なカリセバ》二孔子一、王道或《イハ》不《ラン》レ興《ラ》。

10 白氏文集《はくしぶんしふ》

漢詩

句形 限定形・累加形

累加形

知・技	思・判・表	合計
/25	/25	/50

目標解答時間 25分

唐《とう》の元和《げんな》四年(八〇九)、白居易《はくきょい》三十八歳のとき、娘の金鑾《きんらん》が生まれた。しかし、金鑾は元和六年にわずか三歳で亡くなってしまった。この詩はその金鑾を追悼するものである。

重《ネテ》傷《ム》二小女子《ヲ》一　白居易

学《ビ》二人《ノ》言語《ヲ》一凭《よリテ》レ*床《ニ》行《ク》

*嫩《どんナルコト》似《ニ》二花房《ニ》一脆《もろキコト》似《タリ》レ*瓊《たまニ》

纔《わづカニ》知《リテ》二①恩愛《ヲ》一迎《フ》二三歳《ヲ》一

②未《ダ》《ルニ》レ弁《わかタ》二東西《ヲ》一過《グ》二一生《ヲ》一

汝《ハ》異《ナリ》二*下《か》殤《しやうニ》一③応殺礼

吾《ハ》非《ズ》二④*上聖《ニ》一⑤詎《なんゾ》忘《レン》レ情《ヲ》

傷《マシメテ》レ心《ヲ》自《ラ》嘆《ク》*鳩《きう》巣《さうノ》拙《ク》

長《ク》堕《おトシテ》二⑥春《しゆん》雛《すうヲ》一養《ヒ》不《ルヲ》レ成《ラ》

本文の展開

空欄にあてはまる語句を本文中から抜き出せ。〔1点×4〕

▼首聯《しゅれん》…他人の［①］をまね、つかまり歩きをする。その弱々しさは花房のようであり、脆《もろ》さは宝玉のよう。

▼頷聯《がんれん》…やっと親の恩や人の情がわかって［②］になったのに、まだ東西もわからないまま一生を終えた。

▼頸聯《けいれん》…おまえは［③］ではないので葬儀も簡略。しかし、私は上聖でないので情を忘れることができない。

▼尾聯《びれん》…心を痛めるのは、［④］を育てあげることができなかったことだ。

語注

*床…寝台。　*嫩…弱々しい。　*瓊…宝玉。

*下殤…十一歳から八歳までに亡くなることをいう。七歳以下の死は「無服の殤」といい、葬儀を簡略にする。「殤」は「成人前に死ぬこと」の意。

*上聖…才徳がこのうえなく高い聖人。

*鳩巣拙…鳩《はと》は巣作りが下手で、鵲《かささぎ》の巣に入り込むといわれる。

基本句形

詎《ソ》〜。(ン(ヤ))　7〈反語形⇨P.43・45〉

問一 知識 この詩の形式を答えよ。［3点］

問二 知識 傍線部①・④が対応している語は何か。それぞれ適当なものを次から選べ。［2点×2］

① ア 言語　イ 花房　ウ 東西　エ 下殤

④ ア 三歳　イ 東西　ウ 下殤　エ 春雛

問三 口語訳 傍線部②を口語訳せよ。［6点］

問四 訓読 傍線部③を平仮名だけで書き下し文にした場合、適当なものを次から選べ。［3点］

ア まさにれいをそぐべし
イ まさにれいをそいでおうずべし
ウ おうじてれいをそぐべし
エ そいでおうずればれいとなる

問五 内容 傍線部⑤の意味として適当なものを、次から選べ。［5点］

ア どうしておまえの優しい心を忘れることができようか。
イ どうしておまえを失った悲しみを忘れることができようか。
ウ どうしたらおまえを失った悲しみを忘れられるのか。
エ どうしたらおまえの優しい心を忘れることができるのか。

問六 内容 傍線部⑥は何のたとえか。適当なものを次から選べ。［5点］

ア 新年に生まれた鳩の子。
イ 雛《ひな》祭りに生まれた女の子。
ウ 生まれたばかりの女の子。
エ 明るく初々しい幼い心。

問七 主題 この詩にこめられた作者の思いとして適当なものを、次から選べ。［5点］

ア 悲しみにくれる妻への愛情。
イ 家族を失った者の苦しみ。
ウ 不孝な鳩への思いやり。
エ 亡くなった娘への思慕の情。

問八 知識 作者の白居易と同じ中唐の文人を、次から選べ。［3点］

ア 杜甫《とほ》　イ 李白《りはく》　ウ 柳宗元《りゅうそうげん》　エ 孟浩然《もうこうねん》

基本句形の整理　限定形・累加形 ➡4行

1 書き下し文を参考に返り点をつけよ。［2点×3］

① 止《た》だ百里の地を余すのみ。
止 余 百 里 之 地 耳。

② 人の求むる所は、唯だ仁義なるのみ。
人 之 所 求、唯 仁 義 已。

③ 唯だに腹を満たすのみならず、又余分を蓄へんと欲す。
不 唯 満 腹、又 欲 蓄 余 分。

2 次の文を書き下し文に改めよ。［2点×3］

① 視《み》ルニ㆑螺《ら》ヲ、但ダ見ルノミ㆑殻ヲ。

② 不㆓唯ダニ犯スノミナラ㆑上ヲ、又好ンデ為㆑乱ヲ。

③ 直ダニ不㆑好ムノミナラ、更ニ楽シメ㆑之ヲ。

11

韓《かん》非《ぴ》子《し》

この薬を飲めば死ぬことはないという不死の薬を、荊王《けいおう》(楚《そ》の国の王)に献上した者があった。こともあろうに、その薬を中射《ちゅうしゃ》の士《し》が飲んでしまった。怒った荊王は、中射の士を殺そうとするが……。

句形　比較形

有《リ》下献《ズル》二不死之薬《ヲ》於荊王《ニ》一者上。謁*者操《とリテ》レ之《ヲ》以《ツテ》入《ル》。中*射之士問《ヒテ》曰《ハク》、「①可食乎。」曰《ハク》、「可《ナリト》。」因《リテ》奪《ヒテ》而食《ラフ》レ之《ヲ》。王大《イニ》怒《リテ》、②使三人《ヲシテ》殺《サ》二中射之士《ヲ》一。中射之士使《メテ》二人《ヲシテ》説《カ》一レ王《ニ》曰《ハク》、「臣問《フ》二謁者《ニ》一。謁者曰《ハク》、③可《レ》食。臣故《ニ》a‖食《ラフ》レ之《ヲ》。是《レ》臣《ニ》無《クシテ》レ罪而罪《ハ》在《ル》二謁者《ニ》一也。且《ツ》b‖客献《ジ》二［A］《ヲ》一、臣食《ラヒテ》レ之《ヲ》而王殺《サバ》レ臣《ヲ》、是《レ》［B］也。是《レ》客《ノ》欺《ク》レ王《ヲ》也。夫《レ》殺《シテ》二無《キ》レ罪之臣《ヲ》一、而明《ラカニスル》二④人之欺《クヲ》一レ王《ヲ》也。⑤不《ト》レ如《カ》レ釈《スニ》レ臣《ヲ》。」王乃《チ》c‖不《レ》殺《サ》。

語注

＊謁者…取り次ぎの役人。

＊中射之士…王のそばに仕える役人。

基本句形

使《ム》二―《ヲシテ》～《(セ)》一。 3〈使役形⇩P.49〉

不《レ》如《カ》二～《ニ》一。 7〈比較形⇩P.57〉

本文の展開　空欄にあてはまる語句を本文中から抜き出せ。［1点×4］

▼不死の薬を荊王に献上する者があった。

▼中射の士が謁者に尋ねた、

・「［①］。…食べてもよいのか？」と。

・謁者は答えた、「［②］。…食べることができる。」と。

・そこで、中射の士はそれを食べた。

▼怒った王は中射の士を殺そうとした。

▼中射の士の弁明

・「謁者に聞くと、［③］と答えました。罪は［④］にあります。」と。

・「不死の薬を飲んだ自分が死ねば、この薬は［B］となります。」と。

▼王はそこで殺さなかった。

知・技	/24
思・判・表	/26
合計	/50

目標解答時間 25分

問一 語句 二重傍線部a〜cの読みを現代仮名遣いで書け。［2点×3］

a ［　　　ニ］　b ［　　　ツ］　c ［　　　チ］

問二 訓読 傍線部①を平仮名だけで書き下し文にした場合、適当なものを次から選べ。［4点］

ア くらふはかなるやと。
イ くらふべからずと。
ウ くらふべけんやと。
エ くらふべきかと。

問三 語句 傍線部②と置き換えることのできる字を、次から選べ。［2点］

ア 被　**イ** 若　**ウ** 令　**エ** 見

問四 口語訳 傍線部③を、ここでの意味がはっきりわかるように口語訳せよ。［5点］

問五 文脈 傍線部④は誰をさすか。適当なものを次から選べ。［4点］

ア 献不死之薬於荊王者
イ 謁者
ウ 中射之士
エ 臣

問六 内容 空欄A・Bに入る語の組み合わせとして適当なものを、次から選べ。［4点］

ア A＝不死之薬　B＝不死之薬
イ A＝不死之薬　B＝死薬
ウ A＝死薬　B＝不死之薬
エ A＝死薬　B＝死薬

問七 口語訳 傍線部⑤を口語訳せよ。［5点］

問八 主題 本文の説明として適当なものを、次から選べ。［4点］

ア 荊王に不死の薬を献上した忠義心をたたえている。
イ 詭弁《きべん》を用いて死を免れた臣の行為を皮肉っている。
ウ 不死の薬を飲んで死を招きかねない不合理を論じている。
エ 不死の薬を飲んだ臣を殺そうとする荊王の冷酷さを批判している。

基本句形の整理　比較形 ➡7行

1 書き下し文を参考に返り点をつけよ。［2点×3］

①孔子は堯舜《げうしゆん》よりも賢なり。
孔 子 賢 於 堯 舜。

②天下 食より貴重なるは莫し。
天 下 莫 貴 重 於 食。

③寧ろ山谷に行くとも、海浜に行く無かれ。
寧 行 山 谷、無 行 海 浜。

2 次の文を書き下し文に改めよ。［2点×3］

① 知ルハレ我ヲ莫シレ如クハレ君ニ。

② 与リハ二其ノ生キテ而無キレ義、固ヨリ不レ如カレ煮ラルルニ一。

③ 長安ハ孰《い》与《づレゾ》日ノ遠キ一。

12 赤水文鈔《せきすいぶんせう》

江戸時代には、各地方で儒学者たちがさまざまな学問活動を行っていた。次の文章は、その中の一人、阿波《あわ》藩の高橋赤水が、太宰春台《だざいしゅんだい》の主張を批判する形で、学問に対する自らの考えを述べたものである。

君子固《ヨリ》[a] ①不レ可レ不レ学、而《シテ》小人《モ》亦《ま》又《た》可《シ》レ学《ブ》矣。其《ノ》言《フ》下 ②*為《ニ》レ之《ガ》説《クハ》レ経《ヲ》、非《ザル》二其《ノ》所《ニ》一レ宜《シキ》也《ト》上者《は》、非《ザル》二我《ノ》所《ニ》一レ聞《ク》也。

夫《レ》[b] 学《ブト》与《ハ》レ行《フ》、本《ヨリ》自《ヅカラ》別《ナリ》。学《ブ》レ之《ヲ》者《ハ》知《リテ》二其《ノ》可《ク》レ言《フ》可《キヲ》一レ行《フ》、而《シテ》言《ヒ》レ之《ヲ》行《ヒ》レ之《ヲ》、知《リテ》二其《ノ》不レ可《カラ》レ言《フ》不《ルヲ》一レ可《カラ》レ行《フ》、而《シテ》不レ言《ハ》レ之《ヲ》不レ行《ハ》レ之《ヲ》。如《キ》レ是《クノ》而已矣[c]。

*如二其《ノ》行《フヲ》一レ之《ヲ》奚《セン》爾。夫子曰《ハク》、「*非《ザレバ》二其《ノ》位《ニ》一不《ト》レ謀《ラ》二其《ノ》政《ヲ》一。」③況行二其事一乎。故《ニ》④小人《ニシテ》而行《フハ》二君子之道《ヲ》一、非《ナリ》矣。然《レドモ》⑤其《ノ》知《ルハ》レ之《ヲ》、豈《ニ》不可《ナラン》乎、果《タシテ》不可《ナラン》乎。

本文の展開 空欄にあてはまる語句を本文中から抜き出せ。〔1点×3〕

▼太宰春台の主張…「為之説経、非其所宜也」

↔

▼筆者の主張

・①［　　］は当然学ばなければならず、②［　　］もやはり学ぶべきである。

・学ぶことと行うこととは異なる。

学ぶこと 言うべきことや行うべきことを知って、言ったり行ったりする。言うべきでないことや行うべきでないことを知って、言ったり行ったりしない。

行うこと 小人は③［　　］を行ってはならないが、知ることはよい。

語注

*為之説経、非其所宜也…太宰春台の述べた言葉。「経」は儒教の経典。

*如其行之奚爾…では、行うということについて、小人はどうしたらよいか。

*非其位不謀其政…『論語』泰伯編・憲問編に見える孔子（＝夫子）の言葉。

基本句形

不レ可《カラ》レ不《ル》レ〜。 1〈否定形⇨P.37・39〉

句形 抑揚形

知・技 /22

思・判・表 /28

合計 /50

目標解答時間 25分

問一 語句 二重傍線部a～cの読みを現代仮名遣いで書け。［2点×3］

a ヨリ　b レ　c

問二 口語訳 傍線部①を口語訳せよ。［4点］

問三 文脈 傍線部②とはどういうことか。二十字以内で説明せよ。［5点］

問四 訓読 傍線部③を書き下し文に改めよ。［4点］

問五 理由 傍線部④のように筆者が考える理由として適当なものを、次から選べ。［6点］

ア 政治を行う能力のない者は政治を語ることも担うこともできないように、君子の道を行う能力がない小人はそれができないから。

イ 政治を行う義務のない者は政治を語ることも担うこともしようとしないように、君子の道を行う義務がない小人はそれをしようとしないから。

ウ 政治を行う機会のない者は政治を語ることも担うこともできないように、君子の道を行う機会がない小人はそれができないから。

エ 政治を行う立場にない者は政治を語ることも担うこともしてはいけないように、君子の道を行う立場にない小人はそれをしてはいけないから。

問六 内容 傍線部⑤の意味として適当なものを、次から選べ。［4点］

ア 君子が学びと行いとは別だと知ること。

イ 小人が政治を行えないと知ること。

ウ 君子が孔子の言葉を知ること。

エ 小人が君子の道を知ること。

問七 主題 本文の内容として適当なものを、次から選べ。［6点］

ア 小人は君子の道を行うべきではないが、学ぶべきではある。

イ 君子は経書の教えを学ぶ必要があるのに加え、それを小人に説かなければならない。

ウ 小人は言うべきことや行うべきことを学んでも、言ったり行ったりできるとは限らない。

エ 小人は政治を行うことができないからこそ、君子の道を学ぶべきである。

基本句形の整理　抑揚形 ➡7行

1 書き下し文を参考に返り点をつけよ。［2点×3］

① 烏すら且つ親を愛す、況んや人に於いてをや。
烏 且 愛 親、況 於 人 乎。

② 我は虎すら且つ避けず、牛　安くんぞ避くるに足らんや。
我 虎 且 不 避、牛 安 足 避。

③ 聖人すら且つ之を好む、況んや愚者をや。
聖 人 且 好 之、況 愚 者 乎。

2 次の文を書き下し文に改めよ。［2点×3］

① 孔子《スラ》且《ツ》不レ知《ラ》、況《ンヤ》子路《ヲ》乎。

② 況《ンヤ》賢《ナル》ニ於我《ヨリ》一者、豈《ニ》不《ラン》レ来《タラ》哉。

③ 鳥獣《スラ》知《ル》レ恩《ヲ》、而《ルヲ》況《ンヤ》於《イテヲ》レ人《ニ》乎。

1 今鏡《いまかがみ》 × 無名抄《むみやうせう》

【文章Ⅰ】は平安時代末期に成立した歴史物語で、【文章Ⅱ】は鎌倉時代初期に鴨長明《かものちょうめい》によって書かれた歌論である。ともに源頼実《みなもとのよりざね》という歌人について書かれていて、【文章Ⅱ】は【文章Ⅰ】の後半部と同じ話題を扱っている。

【文章Ⅰ】

*左衛門尉頼実《さゑもんのじようよりざね》といふ蔵人[a]、歌の道すぐれても、また、好みにも好みけるに、七条なる[b]所にて、人々、「夕べにほととぎすを聞く」といふ題をよみ侍りけるに、①酔《ゑ》ひて、その家の*車宿りに立てたる車に、歌案ぜむとて、②寝過ぐしけるを、③求めけれど思ひもよらで、すでに講ぜむとて、人みな書きたるのちにて、「このわたりは稲荷《いなり》の明神こそ。」とて念じければ、きとおぼえけるを、書きて侍りける、

稲荷山越えてや来つるほととぎす*ゆふかけてしも[A]声の聞こゆる

同じ人の、「人に知らるばかりの歌よませさせ給へ。五年が命に代へむ。」と住吉《すみよし》に申したりければ、「落葉雨のごとし」といふ題に、

木の葉散る宿は聞き分くことぞなき時雨[c]する夜も時雨せぬ[d]夜も

とよみて侍りけるを、④必ずこれとも思ひよらざりけるにや、病つきて、生かむと祈りなどし[B]ければ、家に侍りける女に住吉の神つき給ひて、「さる歌よませしは。⑤さればえ生くまじ。」と⑥のたまひけるにぞ、ひとへに、のちの世の祈りになりにけるとなむ。

*左衛門尉…左衛門府の三等官。
*車宿り…牛車を入れるための建物。
*ゆふかけて…「夕かく」(夕方になる)と「木綿《ゆふ》かく」(神へ捧げる木綿《ゆふ》を榊《さかき》などにかける)の意味を掛ける。

【文章Ⅱ】

左衛門尉蔵人頼実、いみじきすき者[e]なり。和歌にこころざし深くて、「五年が命を奉らん。秀歌よませ給へ。」と住吉に祈り申しけるに、そののち年経て重き病を受けたりけるとき、命生くべき祈りどもをしければ、家にありける女に住吉明神つき給ひて、「かねて祈り申しし[C]ことをば忘れたるか。

木の葉散る宿は聞き分くことぞなき時雨する夜も時雨せぬ夜も

といへる⑦秀歌よませしは、なんぢが信をいたして我にこころざし申すゆゑなり。さればこのたびはいかにも生くまじき。」と仰せられけり。

知・技	/20
思・判・表	/30
合計	/50
目標解答時間	30分

問一 語句 二重傍線部a・cの読みを現代仮名遣いで書け。〔2点×2〕

a　c

問二 文法 二重傍線部b・dの助動詞の意味を、それぞれ次から選べ。〔2点×2〕

ア 完了　イ 存在　ウ 伝聞
エ 打消　オ 意志

b　d

問三 文脈 傍線部①〜③の主語を、それぞれ次の中から選べ。同じ記号を何度使ってもよい。〔3点×3〕

ア 頼実　イ 人々
ウ ほととぎす　エ 稲荷の明神

①　②　③

問四 文法 波線部A〜Cの「し」の文法的説明を、それぞれ次から選べ。〔2点×3〕

ア サ行変格活用動詞　イ 形容詞の一部
ウ 過去の助動詞　エ 副助詞の一部

A　B　C

問五 口語訳 傍線部④を、「これ」を明らかにしたうえで口語訳せよ。〔6点〕

問六 理由 傍線部⑤とあるが、このように言うのはなぜか。三十字以内で説明せよ。〔6点〕

問七 文法 傍線部⑥の敬語の種類と敬意の方向を答えよ。〔2点×2〕

敬語の種類

敬意の方向　から　への敬意

問八 語句 二重傍線部eの本文中での意味を答えよ。〔2点〕

問九 主題 傍線部⑦と同じ意味の語句を【文章Ⅰ】中から十字以内で抜き出せ。〔5点〕

問十 内容 【文章Ⅰ】と【文章Ⅱ】の説明として適当なものを、次の中からすべて選べ。〔4点〕

ア 【文章Ⅰ】では、「稲荷山」の歌と「木の葉散る」の歌が周囲の人から高い評価を得ている。
イ 【文章Ⅰ】と【文章Ⅱ】では、頼実は和歌をたいへん愛好しており、命に代えてもよい歌をよみたいと願っている。
ウ 【文章Ⅰ】と【文章Ⅱ】では、住吉の神は頼実の和歌の実力を高く評価しており、なんとか頼実の命を助けようとしている。
エ 【文章Ⅰ】では、頼実は寿命が縮まるとは思わず、病気平癒を祈り続けたとあり、事実を忠実に記す作品の特徴が表れている。
オ 【文章Ⅱ】では、最後に住吉の神の言葉で「木の葉散る」の歌の存在が明かされており、構成に工夫がある。

2 唐《から》物語 × 蒙求《もうぎう》

平安時代後期に成立した【文章Ⅰ】は、中国の故事を歌物語ふうに翻訳した説話集である。【文章Ⅱ】は【文章Ⅰ】の典拠の一つで、中国の古人の逸話を集めた作品である。

知・技　/15
思・判・表　/35
合計　/50
目標解答時間　30分

【文章Ⅰ】

昔、*王子猷《わうしいう》、山陰《さんいん》といふ所に住みけり。世の中のわたらひにほだ(a)されずして、ただ春の花、秋の月にのみ心をすましつつ、多くの年月を送りけり。ことにふれて情け(b)深き人なりければ、かき曇り降る雪はじめて晴れ、月の光清くすさまじき(c)夜《よ》、ひとり起きゐて、慰めがたくやおぼえけむ、高瀬舟に棹《さを》さしつつ、心にまかせて*戴安道《たいあんだう》をたづね行くに、道のほどはるかにて、夜も明け月も傾《かたぶ》きぬるを、①本《ほ》意《い》ならずや思ひけむ、②かくとも言はで、門《かど》のもとより立ち帰りけるを、③「いかに。」と問ふ人ありければ、

もろともに月見むとこそ急ぎつれ必ず人に会はむものかは

とばかり言ひて、つひに帰りぬ。心のすきたるほどは、これにて思ひ知るべし。戴安道は剡県《せんけん》といふ所に住みけり。この人の年ごろの友なり。同じさまに心をすましたる人にてなむ侍りける。

*王子猷…王徽之《きし》。子猷は字《あざな》。東晋《とうしん》の人。
*戴安道…戴逵《き》。安道は字。東晋の人。

【文章Ⅱ】

晋王徽之字子猷、右*軍羲《ぎ》之《し》之子。(d)嘗居山陰、夜雪初霽《はれ》、月色清朗、四望皓《かう》然《ぜん》。独酌《くミ》酒詠*左思招隠詩、(e)忽憶《おもフ》戴逵。時逵在剡。(f)便夜乗小船詣《いたリ》之、*経宿方《まさニ》至。造《いたリテ》門不前《すすマ》而反《かへル》。人問其故。曰、「本《もと》乗興而行。④興尽而反。⑤何必見安道邪。」官至*黄門侍郎。

*右軍羲之…羲之が右軍将軍であったための呼称。　*左思…人名。西晋の人。
*経宿…一晩たって。翌日。　*黄門侍郎…官職名。

問一 語句 二重傍線部a～cのここでの意味を答えよ。［2点×3］

a

b

c

問二 口語訳 傍線部①について、口語訳せよ。［4点］

問三 理由 傍線部①のように思った理由を、三十字以内で説明せよ。［5点］

問四 内容 傍線部②は、具体的にはどういうことか。次の中から選べ。［3点］

ア 一緒に月見をしよう　**イ** もう月は傾いた

ウ ここまでやって来た　**エ** 疲れたので戻る

問五 文脈 傍線部③とはどういうことか。言葉を補って二十字以内で答えよ。［5点］

問六 主題 **【文章Ⅰ】**で王子猷が戴安道を訪ねた理由として適切なものを、次から選べ。［5点］

ア 月が輝く景色を、感性を同じくする戴安道と眺めたいと考えたから。

イ 雪月花をよんだ詩歌を口ずさんで、戴安道を連想したから。

ウ 隠者である戴安道と親しくなりたいと長年考えていたから。

エ 隠棲の地として名高い剡県を訪れたいと思っていたから。

問七 語句 二重傍線部d～fの読みを、現代仮名遣いで答えよ。［2点×3］

d テ

e チ

f チ

問八 理由 傍線部④の理由として、どのような出来事が起こったからと考えられるか。**【文章Ⅰ】**から十字以内で抜き出せ。［4点］

問九 訓読 傍線部⑤について、書き下し文に改めよ。（文末の「と」は不要）［3点］

問十 口語訳 傍線部⑤について、口語訳せよ。［4点］

問十一 内容 **【文章Ⅰ】**と**【文章Ⅱ】**の説明として適切なものを、次の中から選べ。［5点］

ア **【文章Ⅰ】**の季節は月の美しい秋であるが、**【文章Ⅱ】**で王子猷は月光に輝く雪景色にも感動しており、季節は冬となっている。

イ **【文章Ⅰ】**では数寄心を満たそうと王子猷は出発し、**【文章Ⅱ】**ではさらに漢詩から戴安道を思い出して出発している。

ウ **【文章Ⅰ】**では道のりが遠いために到着が遅れてしまったが、**【文章Ⅱ】**では王子猷が寄り道をしたために到着が遅れてしまった。

エ **【文章Ⅰ】**では世俗にとらわれないで風雅を好む人物を主題とし、**【文章Ⅱ】**では家系や官職が最も重視されている。

「読み比べ」問題に取り組む際のポイント

近年、大学入試では、一題に複数の文章を提示し、比較・関連付けを行ったうえで解答させる「読み比べ」問題の出題が増えている。

古文・漢文分野の「読み比べ」問題では、複数の文章がすべて古文もしくは漢文の場合が多いが、古文と漢文の組み合わせや、古文もしくは漢文と現代文（会話文含む）の組み合わせで出題される場合もある。

ここでは、複数の古文作品・漢文作品の「読み比べ」を行う際の着眼点をまとめた。

複数の文章を読む際の着眼点

1 関係性を捉える

提示された複数の文章が、互いにどのような関係にあるのかを捉える必要がある。「文章Aと文章Bは同じ話題を扱っている。」「文章Aは文章Bをもとに書かれた文章である。」のように、問題のリード文に文章どうしの関係性が提示されている場合があるので参考にするとよい。

「読み比べ」問題では、原作とその注釈書が出題されることがある。注釈書とは、ある作品について、後世の人が原作の内容を分析・解説したもので、注釈者の感想や評価を記している場合もある。また、異なる筆者による注釈書どうしの「読み比べ」問題が出題される場合もある。

古文作品と漢文作品との「読み比べ」問題では、中国の古典文学作品（漢文）と、その内容や筋をもとにして別の作品に書き改めた翻案作品（古文）が出題される場合がある。

翻案作品の例

『唐《から》物語』…中国の故事を翻案した平安時代の説話集
『伽婢子《おとぎぼうこ》』（浅井《あさい》了以《りょうい》）…中国白話小説を翻案した江戸時代の仮名草子
『雨月《うげつ》物語』（上田《うえだ》秋成《あきなり》）…和漢の古典に取材した江戸時代の怪異小説集

2 共通点を捉える

異なる複数の文章を読み比べるとき、多くの場合、それらの間に何らかの共通点が存在する。どのような「共通の土台」を持っているかを見つけることが、「読み比べ」の第一歩である。

1の関係性を捉えることができていれば、共通点を捉えることも難しくはないだろう。たとえば、1であげた漢文作品とその翻案作品との「読み比べ」問題の場合、内容や登場人物、場面・状況はほぼ共通している。

3 相違点を捉える

複数の文章の間に「共通の土台」を見いだしたとしても、「読み比べ」問題にそれらの文章が示されているということは、それらの間に何らかの差異があると考えてよい。

たとえば、1で示した原作とその注釈書との「読み比べ」問題では、出来事や登場人物の言動に対する注釈者の感想や評価が加わることにより、新たな解釈や視点が提示される場合がある。また、1で示した漢文作品とその翻案作品との「読み比べ」問題では、漢文から古文に改められたことによる文体・表現の違いのうえに、内容にも違いが見られる。

共通点・相違点を探す際の観点

複数の文章間の共通点・相違点を捉えるには、各文章をしっかり読み取ったうえで、次の観点に注目するとよい。

作者…同じか別か
　ものの見方・考え方（感想・評価）
内容…テーマ（主題）・ジャンル
登場人物…心情・会話・行動
場面・状況…場所・時間
表現…描写（会話・情景）・文体・語彙

訂正情報配信サイト
利用に際しては、一般に、通信料が発生します。

https://dg-w.jp/f/ffb92

ニューフェイズ　古典2

2024年1月10日　初版第1刷発行
2025年1月10日　初版第2刷発行

編　者　第一学習社編集部
発行者　松　本　　洋　介
発行所　株式会社　第一学習社

広　島：〒733-8521　広島市西区横川新町7番14号　☎082-234-6800
東　京：〒113-0021　東京都文京区本駒込5丁目16番7号　☎03-5834-2530
大　阪：〒564-0052　吹田市広芝町8番24号　☎06-6380-1391
札　幌：☎011-811-1848　仙　台：☎022-271-5313　新　潟：☎025-290-6077
つくば：☎029-853-1080　横　浜：☎045-953-6191　名古屋：☎052-769-1339
神　戸：☎078-937-0255　広　島：☎082-222-8565　福　岡：☎092-771-1651

落丁・乱丁本はおとりかえします。
解答は個人のお求めには応じられません。

ホームページ　https://www.daiichi-g.co.jp/

■■■ 技能別採点シート ■■■

※「文法」欄には「文法の整理」、「句形」欄には「基本句形の整理」の点数も加えて書き込みましょう。

		知識・技能						思考力・判断力・表現力							合計
		語句	文法	句形	訓読	訓点	知識	内容	文脈	理由	口語訳	表現	主題	本文の展開	
古文編	1	/4	/12					/8	/6	/8	/4		/4	/4	/50
	2		/9						/10	/6		/6	/15	/4	/50
	3	/4	/10					/15	/5	/6			/6	/4	/50
	4		/6					/10	/9	/12	/4		/5	/4	/50
	5	/6	/4					/22	/8		/6			/4	/50
	6	/6	/4					/15	/9		/6		/6	/4	/50
	7		/10					/10	/9		/7		/10	/4	/50
	8	/6	/4					/16	/10	/5	/5			/4	/50
	9	/3	/8					/5	/6		/4		/20	/4	/50
	10	/3	/4					/19	/10		/6	/4		/4	/50
	11		/3				/4	/5	/14	/5	/5	/5	/5	/4	/50
	12	/4	/6				/6	/11	/5	/4	/5		/5	/4	/50
	13	/4	/9					/24	/4		/5			/4	/50
	14	/8	/2					/21	/6	/5	/4			/4	/50
	15		/10				/2	/16	/8		/5		/5	/4	/50
	16		/8				/4	/14	/5	/5	/5		/5	/4	/50
漢文編	1	/8		/12	/5			/4	/13		/4			/4	/50
	2	/4		/12	/7			/6			/12		/5	/4	/50
	3	/8		/12	/2	/3		/9	/12					/4	/50
	4	/8		/12	/2	/3		/14	/7					/4	/50
	5	/6		/12	/3	/4			/11	/5	/5			/4	/50
	6	/6		/12	/3	/4		/7	/5		/10			/3	/50
	7	/6		/12	/4	/4			/8	/6			/6	/4	/50
	8	/8		/12	/3	/2			/4	/12	/5			/4	/50
	9	/6		/12	/7			/14		/4	/3			/4	/50
	10			/12	/3		/10	/10			/6		/5	/4	/50
	11	/8		/12	/4			/4	/4		/10		/4	/4	/50
	12	/6		/12	/4			/4	/5	/6	/4		/6	/3	/50
読み比べ	1	/6	/14					/4	/9	/6	/6		/5		/50
	2	/12			/3			/8	/5	/9	/8		/5		/50